Dieter Hildebrandt (Hrsg.)

Wenn der Biber Fieber kriegt

Wenn der Biber Fieber kriegt

Komische Tiergedichte

Herausgegeben von
Dieter Hildebrandt

Mit Zeichnungen von Cornelia von Seidlein

marixverlag

Lizenzausgabe mit Genehmigung des Carl Hanser Verlag München, Wien

für Marix Verlag GmbH, Wiesbaden 2004
Covergestaltung: Thomas Jarzina, Köln
Bildnachweis: Gisela Dürr/Bildarchiv.Kleinert.de
Gesamtherstellung: GGP Media GmbH, Pößneck
Printed in Germany

ISBN: 3-937715-64-9
www.marixverlag.de

Inhalt

Eugen Roth

Zum Geleit

Seit alter Zeit schon geben wir
Uns viele Mühe mit dem Tier,
Indes vermutlich umgekehrt
Das Tier auf uns legt weniger Wert.
Daß dem so ist, meint auch schon Brockes;
Den Menschen, nimmt er an, verlock es,
Daß er sich viel Gedanken macht,
Woran der Walfisch nicht gedacht.

Wie stehn zum Tiere nun die Menschen,
Besonders wir, die abendländschen?
Die Erde wird stets öder, glätter,
Und gar der Allerweltsgroßstädter
Tut mit dem Tier sich heute schwer:
Er kennt es kaum in Freiheit mehr.
Der Mensch, entfremdet der Natur,
Steht selbst sich gegenüber nur.
Dafür sieht er im Buch, im Bilde,
Im Farbenfilm das Tier, das wilde,
Und weiß von all den Bestien mehr
Als vor ihm wußte irgendwer.
Ja selber reist er auf Safari –
Nicht grade in die Kalahari –
Und, abgesehn von dem Gebrüll,
Erlebt er dorten das Idyll,
Daß in die Fotografen-Linsen
Die Löwen und Giraffen grinsen
Und daß an allen Kreuzungsampeln
Vergnügt die Elefanten trampeln.
Was noch so selten, zeigt der Zoo.
Und doch, wir werden nicht recht froh.
Erleben wir doch nur am Rand
Dies alles und aus zweiter Hand.

Ach, es ersetzt uns kein Bestseller
Die kleinste Maus im eignen Keller –
Was für dies Buch genauso gilt:
Es bietet auch nur Wort und Bild.

Wir und Sie. Oder:
Tiere sind auch nur Menschen

Heinrich Heine

Schöpfungslied

Im Beginn schuf Gott die Sonne,
Dann die nächtlichen Gestirne;
Hierauf schuf er auch die Ochsen
Aus dem Schweiße seiner Stirne.

Später schuf er wilde Bestien,
Löwen mit den grimmen Tatzen;
Nach des Löwen Ebenbilde
Schuf er hübsche kleine Katzen.

Zur Bevölkerung der Wildnis
Ward hernach der Mensch erschaffen,
Nach des Menschen holdem Bildnis
Schuf er intressante Affen.

Satan sah dem zu und lachte:
»Ei, der Herr kopiert sich selber!
Nach dem Bilde seiner Ochsen
Macht er noch am Ende Kälber!«

Benno Burkhardt

Der Erdenwurm

Ach, wie stehn wir Menschen da
nach des Erbguts Zählung.
Früher schrien wir Hurra,
Glaubten an Erwählung.
Jetzt kommt selbst Drosophila
in der Machart uns ganz nah.
Ja, wir stecken in der Patsche,
nun ade, du Fliegenklatsche.

Neunzehntausendachtundneunzig
Gene hat der Fadenwurm.
Leute unsrer Art erfreun sich
Wen'ger mehr. Und wie vom Sturm
fortgeweht sind wir vom Throne,
hin ist unsre Schöpfungskrone.
Zweimal Fadenwurm: Wir Armen!
Ach, es ist zum Menscherbarmen.

Erdenwürmer – ja so nannte
man uns schon in alter Zeit.
Und die Wissenschaft erkannte:
Das hat seine Richtigkeit.
Erden- oder Fadenwürmer,
es ist fast die gleiche Firma.
Wer den Status so verliert,
ist am Ende sehr gen-iert.

Christian Fürchtegott Gellert

Früher Verdacht

In einem Bau voll Ordnung und voll Pracht
saß eine finstre Flieg auf einem Stein und dachte.
Denn daß die Fliegen stets aus finstern Augen sehn
und oft den Kopf mit einem Beine halten
und oft die flache Stirne falten,
kommt bloß daher, daß sie so viel verstehn
und auf den Grund der Sachen gehn.

(um 1750)

Jan Kaiser

Was will das Tier?

Mitten in der Serengeti
Steht der Yeti.

Da fragt man doch: Was will das Tier . . .?
Moment einmal, was red' ich hier?
Ich seh es einfach als gegeben,
Daß »es« ein Tier, ein wildes eben
Und nicht sogar ein Mensch vielleicht?
Oder ein Ding, was beiden gleicht?
So eine Art Konglomerat,
Was gleich wie wir und doch behaart,
Wie ein böses Fabelwesen,
Von dem wir in den Büchern lesen,
Vor dem sich Kinder unter Decken,
Gewiß, es sei im Schrank, verstecken,
Um das sich jene Sage rankt,
Daß es durch die Gebirge wankt
Und keiner es bisher gesehen,
Das soll in Tansania stehen?
Mitten in der Serengeti?
Versteh ich recht, Sie sagten Yeti?

Da fragt man doch: Was will das Tier . . .?
Moment einmal, was red' ich hier . . .

Heinz Erhardt

Ein Brief aus Hagenbeck

An Frau
Coco, geb. Cucu, verw. Fips
Urwald
Wenn man reinkommt: 3. Baum links, 4. Astwerk
– Afrika –
Papa, Mama und liebe Geschwister!
Erinnert Ihr Euch noch an den Mister,
der mich, als ich fröhlich am Aste hing,
fing? –
Das war ein Ding!
Der steckte mich einfach in einen Kasten!
Da saß ich nun drin und mußte fasten!
Dann flog und fuhr ich lange Wege – – –
und nun wohn ich hier im Freigehege.

Wir sind zu sechst. Sind ganz verträglich,
bis auf den einen, der ist unmöglich!
Der kratzt sich immer am Arm, am Kiefer –
wahrscheinlich hat er Ungeziefer!
Ich hatte neulich 'nen Schnupfen gekriegt!
Ob das an diesem Eisbärn liegt
da drüben?
Ihr Lieben!
Das Essen ist hier reichlich und schmeckt!
Auch kommt kein Raubtier, das einen erschreckt!
Doch grauenhaft ist an jedem Tage
die *Menschenplage!*
Da strömen sie dann in rauhen Mengen
und gucken und schieben und stoßen und drängen!
Und wenn ich auch ganz ruhig sitze,
sie lachen bloß und machen Witze
und reden nichts wie dummes Zeuch! –
Und wie geht's Euch?

Euer Schimpi

Wilhelm Busch

Die Affen

Der Bauer sprach zu seinem Jungen:
Heut in der Stadt, da wirst du gaffen.
Wir fahren hin und sehn die Affen.
Es ist gelungen
Und um sich schief zu lachen,
Was die für Streiche machen
Und für Gesichter
Wie rechte Bösewichter.
Sie krauen sich,
Sie zausen sich,
Sie hauen sich,
Sie lausen sich,
Beschnuppern dies, beschnuppern das,
Und keiner gönnt dem andern was,
Und essen tun sie mit der Hand,
Und alles tun sie mit Verstand,
Und jeder stiehlt als wie ein Rabe.
Paß auf, das siehst du heute.
O Vater, rief der Knabe,
Sind Affen denn auch Leute?
Der Vater sprach: Nun ja,
Nicht ganz, doch so beinah.

Gotthold Ephraim Lessing

Auf den Tod eines Affen

Hier liegt er nun, der kleine, liebe Pavian,
Der uns so manches nachgetan.
Ich wette, was er itzt getan,
Tun wir ihm alle nach, dem lieben Pavian.

August Friedrich Ernst Langbein

Der Adler und die Schnecke

Adler:
»Wie find ich dich, du träges Tier,
Auf diesem Eichengipfel hier?
Wie kamst du her? – So rede doch!«

Schnecke:
»Je nun, ich kroch.«

Sein hohes Ehrenamt gewann
Nicht anders mancher Schneckenmann.

Heinz Erhardt

Den Unverstandenen

Stumm ist der Fisch, doch nicht nur er:
auch einen Wurm verstehst du schwer.

Selbst deines treuen Hunds Gebell
entzifferst du nicht immer schnell.

Auch bei den Rindern, Hühnern, Schweinen
kannst du nur raten, was sie meinen.

Drum spreche ich als Anwalt hier
für jedes unverstandne Tier.

(Für'n Papagei brauch ich das nicht,
weil er ja für sich selber spricht!)

Robert Gernhardt

Das Gleichnis

Wie wenn da einer, und er hielte
ein frühgereiftes Kind, das schielte,
hoch in den Himmel und er bäte:
»Du hörst jetzt auf den Namen Käthe!« –
Wär dieser nicht dem Elch vergleichbar,
der tief im Sumpf und unerreichbar
nach Wurzeln, Halmen, Stauden sucht
und dabei stumm den Tag verflucht,
an dem er dieser Erde Licht ...
Nein? Nicht vergleichbar? Na, dann nicht!

Joachim Ringelnatz

Kühe

Wie in der ersten Frühe
Der Nebel feig
Sich dünne macht, stehn auf der Wiese Kühe,
Und eine davon klackst jenen erstaunlich viel grünen Teig.

Als wie im Paradiese!
Warme Mastbäuche rauchen,
Rührende Rotzmäuler tauchen
In die Champagnerbläschen der Wiese.

Sie wandeln mit viehischer Majestät
Innerhalb ihrer Grenze,
Schieben das Restchen von Nervosität
In die Quaste ihrer Schwänze,

Und ihre Euter schwappeln und schlenkern
So hunds-glücklich gemein – –
Auch unter den Fürsten und ersten Künstlern und Denkern
Benehmen sich manche wie ein Schwein.

Wilhelm Busch

Hahnenkampf

Ach, wie vieles muß man rügen,
Weil es sündlich und gemein,
So zum Beispiel das Vergnügen,
Zuzusehn bei Prügelein.

Noch vor kurzem hab ich selber
Mir zwei Gockel angesehn,
Hier ein schwarzer, da ein gelber,
Die nicht gut zusammenstehn.

Plötzlich kam es zum Skandale,
Denn der schwarze macht die Kur,
Was dem gelben alle Male
Peinlich durch die Seele fuhr.

Mit den Krallen, mit den Sporen,
Mit dem Schnabel, scharf gewetzt,
Mit den Flügeln um die Ohren
Hat es Hieb auf Hieb gesetzt.

Manche Feder aus dem Leder
Reißen und zerschleißen sie,
Und zum Schlusse ruft ein jeder
Triumphierend Kikriki!

Voller Freude und mit wahrem
Eifer sah ich diesen Zwist,
Während jedes Huhn im Harem
Höchst gelassen weiterfrißt.

Solch ein Weibervolk mit Flügeln
Meint, wenn Gockel früh und spät
Seinetwegen sich verprügeln,
Daß sich das von selbst versteht.

Herr und Hund und Hund und Katz und Katz und Maus

Heinrich Heine

Daß ich dich liebe, o Möpschen,
Das ist dir wohlbekannt.
Wenn ich mit Zucker dich füttre,
So leckst du mir die Hand.

Du willst auch nur ein Hund sein,
Und willst nicht scheinen mehr;
All meine übrigen Freunde
Verstellen sich zu sehr.

Kurt Tucholsky

Der kleine Hund an der Ecke

Da stehst du wie ein kleines Gummischweinchen
und gehst auf deinen dicken Batterbeinchen
recht zittrig um den großen Mann herum.
Mama war Ziehhund. Doch du seist von Rasse,
sagt jener (er ist schlecht bei Kasse) –
du bist so klein ... man gab dir so viel Rum ...
Und manchmal nimmt er dich an sein Jackett.
Nachts liegst du ganz bescheiden unterm Bett.

Du kommst, wenns gut geht, zu der feinen Dame,
die so schön riecht; Frau Mimi ist ihr Name.

Und du hörst alles, was sich da vollziehn wird,
und wie zum Hahn auf einmal ganz Berlin wird,
denn ganz Berlin hat deine Herrin gern.
Wie sie auch haucht, verlöschend, im Falsett ...
Du liegst bescheiden unter ihrem Bett.

Und du hörst abends, wenn Madame zur Ruhe geht,
von ihren Herrn, wie es im Leben zugeht –:
  wie man dem Regisseur ein Ding gedreht.
Du hörst von düstern Polizeimysterien,
von allem Klatsch aus allen Ministerien,
  und wer zu Haniel konferieren geht.
    Da staunste, Kleener? Siehste, so flutscht det ...!
    Und du liegst ganz bescheiden unterm Bett.

Merks dir genau! Spitz deine kleinen Ohren!
Sonst geht dir noch der letzte Tip verloren –
  hoch auf dem Nachttisch raschelt ein Papier ...
Der Reichstag und die Presse? Liebes Kleinchen,
guck sie verächtlich an und heb ein Beinchen!
  Das wahre Leben hast du nur bei ihr.
    Fassaden sind nur Falle und nie wichtig.
    Mit einer klugen Frau spricht jeder richtig.
    Du hörst im Dunkel leis die Stimmen ...
    Du witterst, daß da Zigaretten glimmen ...
    Da, da lügt keiner. Da ist jeder ganz honett.
    Das Ding an sich: du hörst es.
                                        Unterm Bett.

Johann Wolfgang Goethe

Annonce

»Ein Hündchen wird gesucht,
Das weder murrt noch beißt,
Zerbrochne Gläser frißt
und Diamanten ...«

Joachim Ringelnatz

Zum Bockspringen

(Nach einer Fabel Ae-sops)

Wie war die Geschichte mit Bobs Wauwau?
Ich erinnere mich nicht ganz genau,
Ob dieser Hund Bobs
  – Eins, zwei, drei – hops! –

Ob dieser Hund ein Rebhuhn gebar?
Auf welcher Seite er schwanger war,
Und inwiefern und ob's
  – Eins, zwei, drei – hops! –

Ein Dackel war, der das Rebhuhn erzeugte,
Und ob er das arme Geflügel dann säugte. –
Ich glaube, der Dackel war ein Mops. –
  – Eins, zwei, drei – hops! –

Jedenfalls fraß er zu jedermanns Ärger
Nur Wickelgamaschen und Königsberger,
Auch Danziger Klops.
  – Eins, zwei, drei – hops! –

Ein seltsamer Mops war Bobs Wauwau.
  – Eins, zwei, drei – hops! – au! au!

Ludwig Heinrich von Nicolai

Der Mops und der Mond

Es war einmal ein dicker, fetter Mops;
Der ging, wie Möpse gehn, auf allen vieren
Bei hellem Mondenschein spazieren.
Da kam ein Graben in die Quer, und hops!
Sprang auch der dicke, fette Mops –
Hinüber, meint ihr? Nein,
Er sprang zu kurz und fiel hinein
Von wegen seiner schweren Masse.
Und als er endlich der Gefahr
Des Todes kaum entronnen war,
So stellt er sich recht mitten auf die Gasse
Und fängt euch da ein Schelten an,
Daß man sein eignes Wort davor nicht hören kann.
Es sollte aber dieses Schelten,
Wem meint ihr wohl? Dem Monde gelten,
Und der hat ihm doch nichts getan!
Er schalt ihn aber Bärenhäuter,
Ochs, Esel, Schlingel und so weiter.
Warum? Mops glaubt, des Mondes sanftes Licht
Sei schuld an seinem Fall und wars doch nicht.

Der Mond, nicht wahr, der schalt doch wieder?
O nein, sah lächelnd auf den Mops hernieder
Und fuhr, als gings ihn gar nicht an,
Lustwandelnd fort auf seiner Himmelsbahn,
Und wird seitdem, wie jedermann bekannt,
Doch immer Mond, nie Ochs genannt.

Ernst Jandl

ottos mops

ottos mops trotzt
otto: fort mops fort
ottos mops hopst fort
otto: soso

otto holt koks
otto holt obst
otto horcht
otto: mops mops
otto hofft

ottos mops klopft
otto: komm mops komm
ottos mops kommt
ottos mops kotzt
otto: ogottogott

Klaus Mackowiak

annas katz

Hommage à Ernst Jandl

annas katz kratzt
anna: ab katz ab
annas katz trabt ab
anna: nana

anna hat lachs
anna hat angst
anna starrt
anna: katz katz
anna ahnt

annas katz klagt
anna: wart katz wart
annas katz harrt
annas katz kackt
anna: achmannachmann

Wilhelm Busch

Hund und Katze

Miezel, eine schlaue Katze,
Molly, ein begabter Hund,
Wohnhaft an demselben Platze,
Haßten sich aus Herzensgrund.

Schon der Ausdruck ihrer Mienen,
Bei gesträubter Haarfrisur,
Zeigt es deutlich: Zwischen ihnen
Ist von Liebe keine Spur.

Doch wenn Miezel in dem Baume,
Wo sie meistens hin entwich,
Friedlich dasitzt wie im Traume,
Dann ist Molly außer sich.

Beide lebten in der Scheune,
Die gefüllt mit frischem Heu.
Alle beide hatten Kleine,
Molly zwei und Miezel drei.

Einst zur Jagd ging Miezel wieder
Auf das Feld. Da geht es bumm!
Der Herr Förster schoß sie nieder.
Ihre Lebenszeit ist um.

O, wie jämmerlich miauen
Die drei Kinderchen daheim.
Molly eilt, sie zu beschauen,
Und ihr Herz geht aus dem Leim.

Und sie trägt sie kurz entschlossen
Zu der eignen Lagerstatt,
Wo sie nunmehr fünf Genossen
An der Brust zu Gaste hat.

Mensch mit traurigem Gesichte,
Sprich nicht nur von Leid und Streit,
Selbst in Brehms Naturgeschichte
Findet sich Barmherzigkeit.

Christa Reinig

Nämlich

Die Katze heißt Kika
Der Eulennebel im Großen Bären heißt M 97
Der Prokurist heißt Böckelmann
Der Gott heißt Vishnu
Der Stuhl heißt Stuhl

Wenn sie das Wort Kika hört
wendet die Katze den Kopf
Für den Eulennebel im Großen Bären
heißt *heißen* nichts
Immer wenn er *Böckelmann* meint
sagt Böckelmann *Ich*
Der Stuhl steht hölzern da
und Vishnu schweigt

T. S. Eliot

Pus – der Theaterkater

Pus heißt der Kater am Bühneneingang.
Er selbst nennt sich leider dreimal so lang.
Nämlich: Ödipus. Doch welch Snobismus,
Sich so zu nennen. Für uns bleibt es bei Pus.
Sein Flausch ist recht schäbig, er selbst ein Gerippe
Mit zittrigen Pfoten, schon halb auf der Schippe.
Doch was für ein Kerl, als er jünger war!
Heut, für Mäuse und Ratzen, gar keine Gefahr.
Nein, er ist nicht der Kater mehr, der er gewesen,
Als man täglich von ihm in der Zeitung gelesen, –
Wie er sagt. Und er sagt es am liebsten beim Trunke
Im Spinn-Klub, (gleich hinter der nächsten Spelunke).
Dort gibt er, wenn jemand sein Bier bezahlt,
Ganz gern was zum besten. Aber nicht, daß er prahlt!
Denn er war ein Genie; und zwar was für eins!
Hat gespielt mit Matkowski, mit der Duse, mit Kainz!
Nach dem Riesenerfolg in der »Baldrianbraut«,
Hat das Haus ihn, ach – unzählige Male!, hervormiaut.
Doch die größte Schöpfung, von der heut man noch spricht,
War sein Feuerfurzfickel, der Erzbösewicht.

Gespielt, sagt er, hab ich, was spielbar war.
Siebzig Rollen, gelernt, war mein Repertoire!
Volksgemurmel, Extempores, textbuchfrei,
Konnt ich improvisieren wie 'ne Katzbalgerei.
Wieviel Ausdruck legt ich in Buckel und Schwanz!
Eine Probe nur braucht ich, und die nicht ganz.
Meiner Stimme konnte kein Stein widerstehn.
Und wann hat man je solche Mimik gesehn?
Ich saß an Klein-Hanneles Krankenbett,
Und focht als Cyrano zwölf Runden Florett.
Als Gestiefelter Kater war ich ein Schatz!
Ich miaute in Salzburg, für Jedermann's Katz!

Doch die schöpf'rische Leistung – in historischem Licht –
War mein Feuerfurzfickel, der Erzbösewicht.

Nun, wenn wer 'nen Hohlzahn voll Korn spendiert,
Erzählt er noch, wie er damals in Weimar gastiert.
Er sprang ein in den »Falstaff«, auf allen vier Pfoten,
Denn es schien der Regie dort ein Kater geboten.
Einst war er ein Tiger, vor bebendem Saal,
Den ein Oberst verfolgt in den Abzugskanal!
Und als Geist, denkt er, könnt er wohl heute noch immer
Jenes haarsträubend-echte Gestöhn und Gewimmer.
Ja, auf Leitungsdraht, hoch über die Bühne gespannt,
Hat ein Kind er gerettet, das im Stück sonst verbrannt.
Und er sagt: Ach – diese jungen Katzen. Die haben nicht mehr
Die Ausbildung, – wie wir, von der Hofbühne her!
Eins fehlt ihnen vor allem: Ensemblespiel!
Und sie denken, ein Katzensprung so wohl schon viel!
Und er sagt, pfotenkratzend sein spärliches Haar:
Nein. Das Theater ist nicht mehr, was es war.
Moderne Regie – nun gewiß. Bitte sehr. Warum nicht?
Aber reicht es denn jemals – (wovon man heute noch spricht):
An den Wundermoment da Ich Selbst prominent
Als Feuerfurzfickel, – der Erzbösewicht.

Gotthold Ephraim Lessing

Auf die Katze des Petrarch

Warum der Dichter Hadrian
Die Katzen so besonders leiden kann?
Das läßt sich leicht ermessen!
Daß seine Verse nicht die Mäuse fressen.

Lewis Caroll

Mäuseschwänzchen

Die Wut traf die Maus auf
der Treppe im Haus und sprach:
»Setz dich hin, ich
mach dir den
Prozeß.
Komm,
ziere dich
nicht, ich will
halten Gericht,
und zwar
schnell,
weil ich
es sonst
wieder
vergeß.«
Sprach die Maus:
»Gut und schön,
doch Ihr werdet
schon sehn,
ohne
Richter
und
Zeugen
kommt
dabei
nichts
heraus.«
»Ich zeuge,
ich richt«,
sprach der
listige
Wicht,
»erst
mach
ich
das
Urteil
und
dann dir
den Garaus.«

Eduard Mörike

Mausfallen-Sprüchlein

Das Kind geht dreimal um die Falle und spricht:

Kleine Gäste, kleines Haus.
Liebe Mäusin oder Maus,
Stell dich nur kecklich ein
Heut nacht bei Mondenschein!
Mach aber die Tür fein hinter dir zu,
Hörst du?
Dabei hüte dein Schwänzchen!
Nach Tische singen wir,
Nach Tische springen wir
Und machen ein Tänzchen:
Witt witt!
Meine alte Katze tanzt wahrscheinlich mit.

Der Spatz in der Hand
und andere Vögel

William Carlos Williams

Frühstück

Zwanzig Spatzen
auf

einem Fladen
Mist:

Leben und
leben lassen.

Joseph von Eichendorff

Die Sperlinge

Altes Haus mit deinen Löchern,
Geizger Bauer, nun ade!
Sonne scheint, von allen Dächern
Tröpfelt lustig schon der Schnee,
Draußen auf dem Zaune munter
Wetzen unsre Schnäbel wir,
Durch die Hecken ’rauf und ’runter,
In dem Baume vor der Tür
Tummeln wir in hellen Haufen
Uns mit großem Kriegsgeschrei,
Um die Liebste uns zu raufen,
Denn der Winter ist vorbei!

Heinz Erhardt

Der Spatz

Es flog ein Spatz spazieren
hinaus aus großer Stadt.
Er hatte all die Menschen
und ihr Getue satt.

Er spitzte keck den Schnabel
und pfiff sich was ins Ohr.
Er kam sich hier weit draußen
wie eine Lerche vor.

Gottfried August Bürger

Zum Spatz, der sich auf dem Saale gefangen hatte

Bons dies, Herr Spatz! Ei, seht doch 'mal!
Willkommen hier auf meinem Saal!
Er ist gefangen, sieht er wohl?
Und stellt' er sich auch noch so toll,
Und flög' er ewig kreuz und quer,
Nach allen Fenstern hin und her,
Zerbräch auch Schnabel sich und Kopf,
Er ist gefangen, armer Tropf!
Ich sein Despot, und er mein Sklav!
Er sei Prinz, Junker, oder Graf
Bei seinem Spatzvolk! – Hör' er nun,
Was All ich mit ihm könnte tun.
Zerzupfen, rupfen, Hals umdrehn –
Da wird nicht Hund noch Hahn nach krähn –
Zerschlagen ihn mit einem Hieb,

Und das mit Recht, Herr Galgendieb!
Weiß er die Kirschen, die verschmitzt
Er vor dem Maul mir wegstibitzt!
Auch würd' es Fürstenkurzweil sein,
Ließ ich den Kater Lips herein.
Wenn ich ja übergnädig wär',
So holt' ich eine scharfe Scheer',
Und schnitt' ihm ab die Flügelein,
Samt seinem kecken Schwänzelein.
Dann müßt' er unter Bett' und Bank
Im Staube flattern lebenslang. –
He, Bürschchen, wie ist ihm zu Sinn? –
Doch, seh' er, daß ein Mensch ich bin!
Ich laß ihn wieder frank und frei.
Doch daß stets eingedenk ihm sei,
Die Freiheit sei ein goldner Schatz,
So hudelt man ihn erst, Herr Spatz,
Und scheucht ihn hin und her husch! husch!
Nun Fenster auf! Hinaus zu Busch!

Hu hu! Despotenhudelei!
Gott wahre mich vor Sklaverei.

Christian Morgenstern

Die drei Spatzen

In einem leeren Haselstrauch
Da sitzen drei Spatzen, Bauch an Bauch.

Der Erich rechts und links der Franz
Und mittendrin der freche Hans.

Sie haben die Augen zu, ganz zu,
Und obendrüber, da schneit es, hu!

Sie rücken zusammen dicht, ganz dicht.
So warm wie der Hans hats niemand nicht.

Sie hörn alle drei ihrer Herzlein Gepoch.
Und wenn sie nicht weg sind, so sitzen sie noch.

Wilhelm Busch

Letzte Gelegenheit

Es sitzt ein Vogel auf dem Leim,
Er flattert sehr und kann nicht heim.
Ein schwarzer Kater schleicht herzu,
Die Krallen scharf, die Augen gluh.
Am Baum hinauf und immer höher
Kommt er dem armen Vogel näher.

Der Vogel denkt: Weil das so ist
Und weil mich doch der Kater frißt,
So will ich keine Zeit verlieren,
Will noch ein wenig quinquilieren
Und lustig pfeifen wie zuvor.
Der Vogel, scheint mir, hat Humor.

Julius Sturm

Zwischenmahlzeit

Was nur da drinnen der Graukopf macht?
Er blättert bis tief in die späte Nacht
In alten Büchern hin und her,
Als ob drin was zu finden wär.
Ei, sieh! Er ist ja nicht zu Haus,
Heut spür ich sein Geheimnis aus.
Ein Spätzlein piepts und fliegt hinein;
Da liegen Bücher groß und klein;
Er wählt das größte mit Bedacht
Und hat ans Blättern sich gemacht.
Vergilbt Papier und arg befleckt!
Möcht wissen, wo der Wert da steckt.
Doch halt! – Sein kluges Äuglein blitzt,
Er hat sein Schnäblein flink gespitzt.
Zwei Motten! und wie groß und feist!
Begierig hat er sie verspeist
Und piept: Wer hätte das gedacht,
Daß der auch Jagd auf Motten macht!

Wolfgang Amadeus Mozart

Ein Star über einen Star

Hier ruht ein lieber Narr,
Ein Vogel Star.
Noch in den besten Jahren
Mußt er erfahren
Des Todes bittern Schmerz.
Mir blu't das Herz,
Wenn ich daran gedenke.
O Leser! schenke
Auch du ein Tränchen ihm.
Er war nicht schlimm;
Nur war er etwas munter,
Doch auch mitunter
Ein lieber loser Schalk,
Und drum kein Dalk.
Ich wett, er ist schon oben,
Um mich zu loben
Für diesen Freundschaftsdienst
Ohne Gewinnst
Denn wie er unvermutet
Sich hat verblutet,
Dacht er nicht an den Mann
Der so schön reimen kann.
Den 4. Juni 1787.

Christian Fürchtegott Gellert

Der Kuckuck

Der Kuckuck sprach mit einem Star,
Der aus der Stadt entflohen war.
Was spricht man, fing er an zu schreien,
Was spricht man in der Stadt von unsern Melodeien?
Was spricht man von der Nachtigall?
»Die ganze Stadt lobt ihre Lieder.«
Und von der Lerche? rief er wieder.
»Die halbe Stadt lobt ihrer Stimme Schall.«
Und von der Amsel? fuhr er fort.
»Auch diese lobt man hier und dort.«
Ich muß dich doch noch etwas fragen;
Was, rief er, spricht man denn von mir?
Das, sprach der Star, das weiß ich nicht zu sagen;
Denn keine Seele redt von dir.
So will ich, fuhr er fort, mich an dem Undank rächen,
Und ewig von mir selber sprechen.

Josef Guggenmos

Wieviel wiegt ein Fink?

Ich schrieb einen Brief
nach Amsterdam.
Er hat gewogen
zwanzig Gramm.

Da kam geflogen
zum Fenster herein
ein Fink.
Der sagte: »Pink!
Ich möchte auch gewogen sein.«
Schwups, saß er auf der Waage.

»Was«, rief ich, »du Wicht,
nicht mehr als mein Brief
ist dein Gewicht?«

»Ach«, meinte der Fink,
»mehr brauche ich nicht.
Denn wäre ich schwer,
könnte ich nicht
fliegen so flink.
Pink!«

Victor Blüthgen

Der Traum

Es war ein niedlich Zeiselein,
Das träumte nachts im Mondenschein:
Es säh am Himmel Stern bei Stern,
Davon wär jeder ein Hirsekern,
Und als es geflogen himmelauf,
Da pickte das Zeislein die Sterne auf.
Piep –
Wie war das im Traum so lieb!

Und als die Sonne beschien den Baum,
Erwachte das Zeislein aus seinem Traum.
Es wetzte das Schnäbelchen her und hin
Und sprach verwundert in seinem Sinn:
Nun hab ich gepickt die ganze Nacht
Und bin doch so hungrig aufgewacht!
Ping –
Das ist mir ein närrisches Ding!

Joachim Ringelnatz

Die Krähe

Die Krähe lacht. Die Krähe weiß,
Was hinter Vogelscheuchen steckt
Und daß sie nicht wie Huhn mit Reis
Und Curry schmeckt.

Die Krähe schnupft. Die Krähe bleibt
Nicht gern in einer Nähe.
Dank ihrer Magensäure schreibt
Sie Runen. Jede Krähe.

Sie torkelt scheue Ironie,
Flieht souverän beschaulich.
Und wenn sie mich sieht, zwinkert sie
Mir zu, doch nie vertraulich.

Geh, du schwarze Amsel!

Wann ich schon schwarz bin,
Schuld ist nicht mein allein;
Schuld hat mein Mutter gehabt,
Weil sie mich nicht gewaschen hat,
Da ich noch klein,
Da ich wunderwinzig bin gesein.

Aus: Des Knaben Wunderhorn

Heinz Erhardt

Die Tauben und Beethoven

Bonner Impressionen

Die Tauben landen auf dem Rasen
und trampeln drauf mit ihren Pfoten,
als ob sie das Schild noch niemals lasen:
Betreten des Rasens verboten!

Dann setzen sie sich in die Ohren
vom armen Beethoven, dem kalten.
Sie haben es sich wohl geschworen:
Wir *Tauben* müssen zusammenhalten!

Von oben herab und von hinten bekleckern
sie den Komponisten wie unartige Gören –
man kann noch so bitten und drohen und meckern:
Die *Tauben* wollen nicht hören!

Sie scheinen bisher aller Mittel zu spotten,
deshalb, glaub ich, müßt man sie dazu bewegen,
um sie ein für allemal auszurotten,
nur *taube* Eier zu legen!

An den Storchschnabel

Storch, Storch, Steiner
Mit den langen Beiner,
Flieg mir in das Bäckerhaus,
Hol mir ein warmen Weck heraus!

Ist der Storch nit ein schönes Tier?
Hat einen langen Schnabel und säuft kein Bier.

Aus: Des Knaben Wunderhorn

Joachim Ringelnatz

Pinguine

Auch die Pinguine ratschen, tratschen,
Klatschen, patschen, watscheln, latschen,
Tuscheln, kuscheln, tauchen, fauchen
Herdenweise, grüppchenweise
Mit Gevattern,
Pladdern, schnattern
Laut und leise.
Schnabel-Babelbabel-Schnack,
Seriöses, Skandalöses, Hiebe, Stiche.

Oben: Chemisette mit Frack.
Unten: lange, enge, hinderliche
Röcke. – Edelleute, Bürger, Pack,
Alte Weiber, Professoren.

Riesenvolk, in Schnee und Eis geboren.
Sie begrüßen herdenweise

Ersten Menschen, der sich leise
Ihnen naht. Weil sie sehr neugierig sind.
Und der erstgesehene Mensch ist neu.
Und Erfahrungslosigkeit starrt wie ein kleinstes Kind
Gierig staunend aus, jedoch nicht scheu.

Riesenvolk, in Schnee und Eis geboren,
Lebend in verschwiegener Bucht
In noch menschenfernem Lande.
Arktis-Expedition. – Revolverschuß –:
Und das Riesenvolk, die ganze Bande
Ergreift die Flucht.

Ludwig Heinrich von Nicolai

Wie der Zaunschlüpfer König ward

Weithin König Adler sah,
Wie der Frühling fern und nah
Alles hatte schön geschmückt
Und erfreuet und beglückt.

König Adler fröhlich war,
Rief: »Gut Heil, du Vogelschar!
Morgen soll ein Turnfest sein,
Und ich lad' euch alle ein!«

Und da kam die Vogelschar:
Rabe, Drossel, Elster, Star,
Meise, Häher, Wiedehall,
Kuckuck, Specht und Nachtigall.

Und man reckt sich, streckt sich, ringt,
Klettert, schwingt sich, hüpft und springt;
Endlich kommt der Dauerlauf –
König Adler spricht darauf:

»Stellt euch jetzt in Reih' und Glied,
Alle, ohne Unterschied!
Wer am höchsten fliegen kann,
Der soll König sein fortan!«

Turr! da flog die ganze Schar,
Aber unterm Flügelpaar
König Adlers saß versteckt
Herr Zaunschlüpfer unentdeckt.

Als der Adler endlich doch
Matt ward, flog Zaunschlüpfer noch,
Höher noch ein ganzes Stück,
Kam als König dann zurück.

Die kleinen Störenfriede

Werner Dürrson

ungeziefer-serenade

läuse flöhen meine lieder
milbe durch die nacht zu dir
mücken schwärmen auf und nieder
grillen zecken heimchen bieder –
fliege biene her zu mir

made schabt am käfermieder
so zikadisch schnakt es hier
wespe raupt und hornisst schier
hummeln drohnen neben mir
spinne puppt die larve über
und verheuschreckt sink ich nieder –
sag o wann libellen wir

mich ameisen alle glieder
asseln klammern sich mit gier
unter falters faltenzier
wer bremst mein verlangen mir
flöhe lausen meine lieder
ach dass dich der glühwurm rühr –
wann o wanzen wir uns wieder

Christa Reinig

Beim Baden

mein erstes war ihn töten wollen
dann trug ich ihn an land
an jedem zaunpfahl thront sein steckbrief:
kartoffelkäfer
jetzt müßt ihr makkaroni essen

Friedrich Rückert

Kleines Denkmal einer kleinen Fliege

Eine Fliege, die ich mir hatte
Ausersehen zur Wintergesellschaft,
Daß mit mir sie das Zimmer teile,
Unvorsichtig dem Tintenfaß
Kam sie nahe, sie ist ertrunken,
Ist versunken im schwarzen Strome,
Der Vergessenheit hingegeben.
Nicht mehr seh' ich gedankenvoll sie
Vor mir hin auf den Blättern schreiten,
Meinem leicht abirrenden Auge
Vorzuzeichnen die rechte Richtung.
Nicht mehr hör' ich sie sinnig leise
Mein nachsinnendes Haupt umsummen.
Aber wenn ich die Feder tauche
In das Grab, das sie hat verschlungen,
Kommt ihr Schatten heraufgestiegen,
Spricht mich an um ein Angedenken:
Warum willst du der kleinen Fliege
Unter alle den Kleinigkeiten
Deiner Kunst nicht ein kleines Denkmal
Auch errichten? Hier ist's errichtet.

Heinz Erhardt

An die Bienen

Bienen! Immen! Sumseriche!
Wer sich je mit euch vergliche,
der verdient, daß man ihn töte!
Daß zumindest er erröte!
Denn, wie ihr in Tal und Berg schafft
ohne Zutun der Gewerkschaft,
ohne daß man euch bezahle,
ohne Streik und Lohnspirale,
täglich, stündlich drauf bedacht,
daß ihr für uns Honig macht,
ihr seid's wert, daß man euch ehre!
Wobei vorzuschlagen wäre –
ob nun alt ihr, ob Novizen –
euch von heute ab zu siezen!
Unser Dank, unser Applaus
säh in etwa dann so aus:
»Sehr geehrte Honigbienen!
Wir Verbraucher danken Ihnen!«

Benno Burkhardt

Bienenstich

Mal ehrlich:
Ist ein Bienenstich gefährlich?
Nein: Nur wenn du dich vergißt
und gleich mehr als sechs Stück ißt.

Peter Hamm

An die Silberfische

Noten, besonders bekömmlich
scheinen sie euch:
den *Don Giovanni* habt ihr
euch munden lassen
und Bergs *Lulu-Suite*.
Auch Koestlers *Spanisches Erbe*
und Benjamins *Einbahnstraße*
habt ihr nicht verschmäht.

Wenn ich euch jetzt
hier in der Arche
einräume den Ehrenplatz,
so verschont mir doch
wenigstens, ich bitte euch,
meine Erstausgaben
von Robert Walser!

Aloysius Blumauer

Lob des Flohs

Du kleiner Nero, Kompagnon der Läuse,
Blutgieriger Tyrann!
Für dich stimm ich, nach Meister Linguets Weise
Nun auch ein Loblied an.

Dein ganz brünetter Teint, so sehr verschieden
Vom Teint der blonden Laus,
Erkor gleich anfangs dein Geschlecht hienieden
Zu großen Taten aus.

Nur deinen Stamm, der stets in ganzen Scharen
Bei Mädchen Wache hält,
Hat die Natur zu tapfern Leibhusaren
Der Jungfrauschaft erwählt.

Und darum patrouillieren auch Schwadronen
Von diesem leichten Heer
Beständig in den dunklen Regionen
Des Unterrocks umher.

Nichts schützt die Mädchen, die sich dir verschließen,
Vor deiner Blutbegier:
Die Erstlinge von ihrem Blute fließen
O Glücklicher, nur dir!

Du Springinsfeld bist überall gelitten,
Wo nie ein Mann hin soll . . .

. . . und so weiter

Johann Wolfgang Goethe

Es war einmal ein König,
der hatt' einen großen Floh,
den liebt' er gar nicht wenig,
als wie seinen eignen Sohn.
Da rief er seinen Schneider,
der Schneider kam heran:
»Da, miß dem Junker Kleider
und miß ihm Hosen an!«

In Sammet und in Seide
war er nun angetan,
hatte Bänder auf dem Kleide,
hatt' auch ein Kreuz daran,
und war sogleich Minister
und hatt' einen großen Stern.
Da wurden seine Geschwister
bei Hof auch große Herrn.

Und Herrn und Fraun am Hofe,
die waren sehr geplagt,
die Königin und die Zofe
gestochen und genagt,
und durften sie nicht knicken
und weg sie jucken nicht. –
Wir knicken und ersticken
doch gleich, wenn einer sticht.

Gottfried Keller

Die kleine Passion

Der sonnige Duft, Septemberluft,
Sie wehten ein Mücklein mir aufs Buch,
Das suchte sich die Ruhegruft
Und fern vom Wald sein Leichentuch.
Vier Flügelein von Seiden fein
Trugs auf dem Rücken zart,
Drin man im Regenbogenschein
Spielendes Licht gewahrt'.
Hellgrün das schlanke Leibchen war,
Hellgrün der Füßchen dreifach Paar,
Und auf dem Köpfchen wundersam
Saß ein Federbüschchen stramm;
Die Äuglein wie ein goldnes Erz
Glänzten mir in das tiefste Herz.
Dies zierliche und manierliche Wesen
Hatt sich zu Gruft und Leichentuch
Das glänzende Papier erlesen,
Darin ich las, ein dichterliches Buch.
So ließ den Band ich aufgeschlagen
Und sah erstaunt dem Sterben zu,
Wie langsam, langsam ohne Klagen
Das Tierlein kam zu seiner Ruh.
Drei Tage ging es müde und matt
Umher auf dem Papiere;
Die Flügelein von Seide fein,
Sie glänzten alle viere.
Am vierten Tage stand es still
Gerade auf dem Wörtlein »will!«

Wie hell leuchtet der Morgenstern (Christian)!

Möwenlied

Die Möwen sehen alle aus,
als ob sie Emma hießen.
Sie tragen einen weichen Flaus
und sind mit Schrot zu schießen.

Ich schieße keine Möwe tot,
ich lass sie lieber leben –
und füttre sie mit Roggenbrot
und rötlichen Zibeben.

O Mensch, du wirst nie nebenbei
der Möwe Flug erreichen.
Wofern du Emma heißest, sei
zufrieden, ihr zu gleichen.

Der Leu

Auf einem Wandkalenderblatt
ein Leu sich abgebildet hat.

Er blickt dich an bewegt und still
den ganzen 17. April.

Wodurch er zu erinnern liebt,
daß es ihn immerhin noch gibt.

Die Schildkrökröte

»Ich bin nun tausend Jahre alt
und werde täglich älter;
der Gotenkönig Theobald
erzog mich im Behälter.

Seitdem ist mancherlei geschehn,
doch weiß ich nichts davon;
zur Zeit, da läßt für Geld mich sehn
ein Kaufmann zu Heilbronn.

Ich kenne nicht des Todes Bild
und nicht des Sterbens Nöte:
Ich bin die Schild – ich bin die Schild –
ich bin die Schild – krö – kröte.«

Das ästhetische Wiesel

Ein Wiesel
saß auf einem Kiesel
inmitten Bachgeriesel.

Wißt ihr,
weshalb?

Das Mondkalb
verriet es mir
im stillen:

Das raffinier-
te Tier
tats um des Reimes willen.

Erschrocken staunt der Heide Schaf mich an,
als sähs in mir den ersten Menschenmann.
Sein Blick steckt an; wir stehen wie im Schlaf;
mir ist, ich säh zum erstenmal ein Schaf.

Das Mondschaf I

Das Mondschaf steht auf weiter Flur.
Es harrt und harrt der großen Schur.
  Das Mondschaf.

Das Mondschaf rupft sich einen Halm
und geht dann heim auf seine Alm.
  Das Mondschaf.

Das Mondschaf spricht zu sich im Traum:
»Ich bin des Weltalls dunkler Raum.«
  Das Mondschaf.

Das Mondschaf liegt am Morgen tot.
Sein Leib ist weiß, die Sonn ist rot.
  Das Mondschaf.

Das Mondschaf II

Das Mondschaf sagt sich selbst gut Nacht,
d. h., es wurde überdacht
von seinem eigenen Denker:
Der übergibt dies alles sich
mit einem kurzen Federstrich
als seinem eigenen Henker.

Der Zwölf-Elf

Der Zwölf-Elf hebt die linke Hand:
Da schlägt es Mitternacht im Land.

Es lauscht der Teich mit offnem Mund.
Ganz leise heult der Schluchtenhund.

Die Dommel reckt sich auf im Rohr.
Der Moosfrosch lugt aus seinem Moor.

Der Schneck horcht auf in seinem Haus;
desgleichen die Kartoffelmaus.

Das Irrlicht selbst macht Halt und Rast
auf einem windgebrochnen Ast.

Sophie, die Maid, hat ein Gesicht:
Das Mondschaf geht zum Hochgericht.

Die Galgenbrüder wehn im Wind.
Im fernen Dorfe schreit ein Kind.

Zwei Maulwürf küssen sich zur Stund
als Neuvermählte auf den Mund.

Hingegen tief im finstern Wald
ein Nachtmahr seine Fäuste ballt:

Dieweil ein später Wanderstrumpf
sich nicht verlief in Teich und Sumpf.

Der Rabe Ralf ruft schaurig: »Kra!
Das End ist da! Das End ist da!«

Der Zwölf-Elf senkt die linke Hand:
Und wieder schläft das ganze Land.

Das Gebet

Die Rehlein beten zur Nacht,
hab acht!

Halb neun!

Halb zehn!

Halb elf!

Halb zwölf!

Zwölf!

Die Rehlein beten zur Nacht,
hab acht!
Sie falten die kleinen Zehlein,
die Rehlein.

Der Steinochs

Der Steinochs schüttelt stumm sein Haupt,
daß jeder seine Kraft ihm glaubt.
Er spießt dich plötzlich auf sein Horn
und bohrt von hinten dich bis vorn.
  Weh!
Der Steinochs lebt von Berg zu Berg,
vor ihm wird, was da wandelt, Zwerg.
Er nährt sich meist – und das ist neu –
von menschlicher Gehirne Heu.
  Weh!
Der Steinochs ist kein Tier, das stirbt,
derweil sein Fleisch niemals verdirbt.
Denn wir sind Staub, doch er ist Stein!
Du möchtest wohl ein Steinochs sein?
  He?

Wie sich das Galgenkind die Monatsnamen merkt

Jaguar
Zebra
Nerz
Mandrill
Maikäfer
Pony
Muli
Auerochs
Wespenbär
Locktauber
Robbenbär
Zehenbär

Vom Trinken

Sieh zu! Sieh zu!
Wie trinkt das Pferd?
Wie trinkt die Kuh?
Sie gießen das Wasser nicht in den Schlund
wie du.
Sie nehmen es erst ganz sachte,
ganz sachte,
sie nehmen es erst ganz sachte,
ganz vorn, ganz vorn in den Mund.
Da wird das kalte Wasser warm
und schadet nicht dem Kragen
und schadet nicht dem Magen
und schadet nicht dem Darm.

Siehst du?

Der Specht

Wie ward dir, kleiner Specht, so große Kraft!
Von deinem Klopfen tönt der ganze Schaft
der hohen Kiefer. Wär auch mir vergönnt,
daß ich den Menschen so durchklingen könnt!

Geiß und Schleiche

Die Schleiche singt ihr Nachtgebet,
die Waldgeiß staunend vor ihr steht.

Die Waldgeiß schüttelt ihren Bart
wie ein Magister hochgelahrt.

Sie weiß nicht, was die Schleiche singt,
sie hört nur, daß es lieblich klingt.

Die Schleiche fällt in Schlaf alsbald.
Die Geiß geht sinnend durch den Wald.

Der Rabe Ralf

Der Rabe Ralf
  will will hu hu
dem niemand half
  still still du du
half sich allein
am Rabenstein
  will will still still
    hu hu

Die Nebelfrau
  will will hu hu
nimmts nicht genau
  still still du du
sie sagt nimm nimm
's ist nicht so schlimm
  will will still still
    hu hu

Doch als ein Jahr
  will will hu hu
vergangen war
  still still du du
da lag im Rot
der Rabe tot
  will will still still
    du du

Das Löwenreh

Das Löwenreh durcheilt den Wald
und sucht den Förster Theobald.

Der Förster Theobald desgleichen
sucht es durch Pirschen zu erreichen,

und zwar mit Kugeln, deren Gift
zu Rauch verwandelt, wen es trifft.

Als sie sich endlich haben, schießt
er es, worauf es ihn genießt.

Allein die Kugel wirkt alsbald:
Zu Rauch wird Reh nebst Theobald ...

Seitdem sind beide ohne Frage
ein dankbares Objekt der Sage.

Gut gepanzert, dickes Fell

Friedrich Theodor Vischer

Prähistorische Ballade

Ein Ichthyosaur sich wälzte
  Am schlammigen, mulstrigen Sumpf.
Ihm war in der Tiefe der Seele
  So säuerlich, saurisch und dumpf,

So dämlich, so zäh und so tranig,
  So schwer und so bleiern und stumpf;
Er stürzte sich in das Moorbad
  Mit platschendem, tappigen Pflumpf.

Da sah er der Ichthyosaurin,
  So zart und so rund und so schlank,
Ins schmachtende Eidechsenauge,
  Da ward er vor Liebe so krank.

Da zog es ihn hin zu der Holden
  Durchs klebrige Urweltgemüs,
Da war aus dem Ichthyosauren
  Der zärtlichste Ichthyosüß.

Joseph Viktor Scheffel

Der Ichthyosaurus
(oder: Jurassic Park, kurz vor Torschluß)

Es rauscht in den Schachtelhalmen
Verdächtig leuchtet das Meer,
Da schwimmt mit Tränen im Auge
Ein Ichthyosaurus daher.

Ihn jammert der Zeiten Verderbnis,
Denn ein sehr bedenklicher Ton
War neuerlich eingerissen
In der Liasformation.

»Der Plesiosaurus, der Alte,
Er jubelt in Saus und Braus,
Der Pterodaktylus selber
Flog neulich betrunken nach Haus.

Der Iguanodon, der Lümmel,
Wird frecher zu jeder Frist,
Schon hat er am hellen Tage
Die Ichthyosaura geküßt.

Mir ahnt eine Weltkatastrophe,
So kann es ja länger nicht gehn;
Was soll aus dem Lias noch werden,
Wenn solche Dinge geschehn?«

So klagte der Ichthyosaurus,
Da ward es ihm kreidig zumut';
Sein letzter Seufzer verhallte
Im Qualmen und Zischen der Flut.

Es starb zu derselbigen Stunde
Die ganze Saurierei,
Sie kamen zu tief in die Kreide,
Da war es natürlich vorbei.

Und der uns hat gesungen
Dies petrefaktische Lied,
Der fand's als fossiles Albumblatt
Auf einem Koprolith.

Benno Burkhardt

Das rätselhafte Tier

Weil wir's nie zu sehn bekamen,
Gaben wir ihm viele Namen.
Aus dem Grimmschen Wörterbuch
Springt das Tier fast wie ein Fluch:

Kützepill
und Cocodrulle,
Kutschgrill
und manch andre Schrulle:

Kokodrille, Cocatrille,
Kocheldrille und Kutschtrille,
fehlte nur noch die Quadrille!

Heute hat man leichtes Spiel,
und man nennt es: Krokodil.

Emanuel Geibel

Ein altes Krokodil

Ich bin ein altes Krokodil
Und sah schon die Osirisfeier;
Bei Tage sonn ich mich am Nil,
Bei Nacht am Strande leg ich Eier.

Ich weiß mit listgem Wehgekreisch
Mit stets die Mahlzeit zu erwürken;
Gewöhnlich freß ich Mohrenfleisch
Und sonntags manchmal einen Türken.

Gemütlich ist mein Lebenslauf,
Was mir in Weg kommt, freß ich auf,
Und mir ist es ganz einerlei,
In meinem Magen wirds zu Brei.

Schon hundert Jahre leb ich jetzt,
Und wenn ich sterben muß zuletzt,
Leg ich mich ruhig ins Schilf hinein
Und sterb im Abendsonnenschein.

Franz Graf Pocci

Noch ein altes Krokodil

Ich bin ein altes Krokodil
Und leb dahin ganz ruhig und still,
Bald in dem Wasser, bald zu Land
Am Ufer hier im warmen Sand.

Und wenn im gelben Mondlicht rings
Der Strand liegt und die Felsenbrüche,
Tanz ich vor einer alten Sphinx
Und lausch auf ihrer Weisheit Sprüche.

Die Klauen in den Sand gepflanzt,
Tiefsinnig spricht sie: Tochter Thebens,
Friß nur, was du verdauen kannst!
Das ist das Rätsel deines Lebens.

Hermann Lingg

Und noch ein altes Krokodil

Im heil'gen Teich zu Singapur
Da liegt ein altes Krokodil
Von äußerst grämlicher Natur
Und kaut an einem Lotosstiel.
Es ist ganz alt und völlig blind,
Und wenn es einmal friert des Nachts,
So weint es wie ein kleines Kind,
Doch wenn ein schöner Tag ist, lacht's.

Hanna Muschg

Ein Krokodil

Ich träum, es kommt ein Krokodil
mit einem großen Maul.
Am Tage liegt's auf einem Stein,
am Tage ist es faul.

Und dann am Abend wird es wach
und macht sich auf die Socken.
Es kriecht zu unserm Haus aufs Dach,
Da seh ich es schon hocken.

Und wenn es erst ganz dunkel ist,
dann schleicht es sich heran.
Es will zu mir herein und frißt
mich dann.

Es hinkt durchs Haus, das hör ich doch,
es steigt die Treppe rauf.
Dann kommt's herein durchs Schlüsselloch
und reißt sein Maul schon auf.

Es hat 'ne Menge Zähne in
dem großen roten Rachen.
Und weil es auch noch Flügel hat,
glaub ich, es ist ein Drachen.

Was willst du hier, schrei ich ganz laut,
ich glaub, du willst mich fressen.
Nein, sagt das Krokodil und schaut,
ich hab nur was vergessen.

Joachim Ringelnatz

Die Feder

Ein Federchen flog über Land,
Ein Nilpferd schlummerte im Sand.

Die Feder sprach: »Ich will es wecken«,
Sie liebte, andere zu necken.

Aufs Nilpferd setzte sich die Feder
Und streichelte sein dickes Leder.

Das Nilpferd öffnete den Rachen
Und mußte ungeheuer lachen.

Das Flußpferd

Siehe doch das Flußpferd, das ich schuf wie dich:
Gras frißt es wie das Rind.
Siehe doch, welche Kraft in seinen Lenden
und welche Stärke in den Muskeln seines Bauchs!
Steif macht es seinen Schwanz wie eine Zeder;
die Sehnen seiner Schenkel sind verschlungen.
Seine Knochen sind Röhren von Erz,
seine Gebeine wie Stäbe von Eisen.
Das ist der Erstling von Gottes Schaffen,
gemacht zum Beherrscher seiner Genossen.
Denn das Gewächs der Berge nimmt es sich,
und alles Wild des Feldes zermalmt es.

Dort unter Lotusbüschen lagert es
im Versteck von Rohr und Sumpf.
Lotusbüsche decken es mit Schatten,
und die Weiden am Bache umgeben es.
Wenn auch der Strom andringt, es flüchtet nicht,
bleibt ruhig, ob auch ein Sturzbach hervorbricht.
Wer dürfte ihm in die Augen greifen,
mit Stricken ihm die Nase durchbohren?
Kannst du das Krokodil an der Angel ziehen
und mit dem Stricke seine Zunge niederdrücken?
Legst du ihm ein Binsenseil an die Nase
und stichst einen Haken durch seinen Backen?
Wird es dich lange bitten
oder freundlich mit dir reden?
Wird es einen Vertrag mit dir schließen,
daß du es für immer zum Sklaven bekommst?
Spielst du mit ihm wie mit einem Vogel
und bindest du es an für deine Mädchen?
Feilschen darum die Zunftgenossen,
verteilen sie es unter die Händler?
Kannst du seine Haut mit Stacheln spicken
und mit Fischharpunen seinen Kopf?
Lege nur deine Hand daran –
denke an den Kampf! – du tust es nicht wieder.

Aus dem Buch Hiob, 40. Vers

Wilhelm Busch

Das Nilpferd

Das Nilpferd pflückt sich oft gemütlich
Ein Blümchen ab. Das macht sich niedlich!

Wilhelm Busch

Gefahr im Verzuge

Wenn das Rhinozeros, das schlimme,
Dich kriegen will in seinem Grimme,
Dann steig auf einen Baum beizeiten,
Sonst hast du Unannehmlichkeiten.

Joachim Ringelnatz

Dickhäuter

Ein Elefant von vorn sieht fast
So aus wie ein Nilpferd von rückwärts.
Sie tragen beide schwere Last,
Manchmal pechwärts und manchmal glückwärts.

Sie tragen unter zementiger Haut
Viel Weiches und viel Zartes.
Wer richtig in ihren Rachen schaut,
Gewahrt es.

Sie lassen von Leuten, die außen weich,
Innen hart sind, sich erschießen.
Ich glaube: Ihr kommt ins Himmelreich,
Ihr Riesen!

Der Flieger, der die Erde umkreist,
Kriegt Ähnliches in Sicht.
Wie die Fliege, die euch belästigt, nicht beißt.
Beißen kann sie euch nicht.

Josef Guggenmos

Ein Elefant marschiert durchs Land

Ein Elefant marschiert durchs Land
Und trampelt durch die Saaten.
Er ist von Laub und Wiesenheu
So groß und kühn geraten.

Es brechen Baum und Gartenzaun
Vor seinem festen Tritte.
Heut kam er durch das Tulpenfeld
Zu mir mit einer Bitte.

Er trug ein weißes Kreidestück
In seinem langen Rüssel
Und schrieb damit ans Scheunentor:
Sie, geht es hier nach Brüssel?

Ich gab ihm einen Apfel
Und zeigte ihm die Autobahn.
Da kann er sich nicht irren
Und richtet wenig an.

Ein Kapitel Eselsohren

Friedrich der Große

Die Esel und die Könige

Die Lasten dieser Welt zu tragen
Erschuf der Gott nur wenige:
Die Säulen in antiken Tagen,
die Esel – und die Könige.

Wilhelm Busch

Gelassenheit

Es stand vor eines Hauses Tor
Ein Esel mit gespitztem Ohr,
Der käute sich sein Bündel Heu
Gedankenvoll und still entzwei. –

Nun kommen da und bleiben stehn
Der naseweisen Buben zween,
Die auch sogleich, indem sie lachen,
Verhaßte Redensarten machen,

Womit man denn bezwecken wollte,
Daß sich der Esel ärgern sollte. –

Doch dieser hocherfahrne Greis
Beschrieb nur einen halben Kreis,
Verhielt sich stumm und zeigte itzt
Die Seite, wo der Wedel sitzt.

Romulus

Schmerz, laß nach

Zum Esel, der krank war, kam auf Visite
der Wolf und sagte: »Erlaube mir bitte
zu tasten, wo du die Schmerzen verspürst.«
Der Esel: »Überall da, wo du mich berührst.«

Wilhelm Hey

Knabe und Esel

»Esel, ein Rätsel rat einmal:
Es ist ein Tier gar grau und fahl,
Hat kurzen Verstand und Ohren lang,
Schreit I-a und schleicht mit trägem Gang.«
»Nein, Knabe, das ist mir zu schwer und fein;
Was mag das für ein Tierchen sein?«

Da rief ihm der Knabe mit Lachen zu:
»Ei, schäme dich, Esel, das bist du!«
Er hört es, doch konnt er's noch nicht fassen.
Da hat ihn der Knabe im Zorn verlassen.
Warum auch hat er nicht daran gedacht?
Der Esel ist nicht zum Raten gemacht.

Friedrich von Lehr

Ein alter Spaß, neu aufgeputzt

Der Herr:
Wohin des Wegs, ihr Esel, ihr zwei?
Die Esel:
Wir gehn zur Mühle, am dritten vorbei.

Gilbert K. Chesterton

Der Esel

Einst flog der Fisch und schritt der Wald
und Feigen trug der Dorn:
Damals, als blutrot schien der Mond,
war ich gewiß geborn.

Mit plumpem Kopf und grellem Schrei
und Ohren flügelgleich
bin ich des Teufels Parodie
auf das Vierfüßlerreich.

Geächtet bin ich auf der Welt –
Doch nehm ich's ruhig hin.
Schlagt, peinigt, höhnt mich – ich bleib stumm
und weiß, woran ich bin.

Ein süßer, schöner Tag war einst
und ich erlebt ihn mit:
Da gab's ein Jubeln um mein Ohr,
Palmen auf Schritt und Tritt.

Benno Burkhardt

Löwenanteil

In aller Frühe, eh es tagt,
warn Löw und Esel beide auf der Jagd
und machten reiche Beute.
Es war ein Glückstag heute.

Der Löwe sagt: »Ich will nur wenig,
ein Drittel, denn ich bin der König.«
Ein weitres Drittel, unverdrossen,
will er für sich als Jagdgenossen.

Der Esel hofft aufs letzte Stück.
Der Löwe: »Das bringt dir kein Glück.
Ich rat dir, Freundchen, laß es mir,
Sonst wirst du Anteil Nummer vier.«

nach Babrios

Eugen Roth

Unpaarzeher

Der Esel – nehmt mir das nicht krumm -
ist klug und listig – Ihr seid dumm,
Wenn Ihr dies Tier, so hübsch gestaltet,
Kurzweg für einen Esel haltet
Und ihn beschimpft, ja prügelt gar –
Habt Ehrfurcht doch vor grauem Haar!
Bei uns nur kam er so herunter!
Hingegen ist er heut noch munter,
Ein guter Renner, braver Traber,
Im Land der Perser und Araber
Und mehr mitunter als ein Pferd
Ist dort ein guter Esel wert ...

Durch seine rührende Geduld
Ist er am Ende selber schuld,
Daß – da ja Menschen nie was rührt –
Er ein so trauriges Leben führt.
Denn merkt die Welt, wie zahm Du bist
Und daß Du sogar Disteln frißt,
Ist Deine gute Zeit gezählt:
Man schindet Dich und stichelt, quält
Und spielt sich auf als Deinen Herrn.
Zu spät fängst Du jetzt an zu plärrn.
Wer einmal sich hat hergegeben
Zum Esel, bleibt's fürs ganze Leben.
Und seine Leiden macht's nicht quitt,
Glückt ihm einmal ein Eselstritt.

Der Esel geht, wie jeder weiß,
Wenn ihm zu wohl ist, auf das Eis.
Bei alten ist's nicht schön, doch sei
Verziehn die Jugend-Eselei.
Dem Pergament, der Eselshaut,

Wird höchste Weisheit anvertraut.
Wenn erst sein »Ia« ein Esel schreit,
Gleich schreien alle, weit und breit.
Kein Buch mit Eselsohren schmücke,
Verwende keine Eselsbrücke
Und denke, wenn's drauf ankommt, an
Den Esel des Herrn Buridan:
Hast Du zwei Bündel Heu zur Wahl,
So bleibe keinesfalls neutral.
Das eine laß, das andre friß,
Denn sonst verhungerst Du gewiß.

Albrecht Haushofer

Persische Legende

Im alten Schiras ließ ein Schelm verbreiten,
er lehre seinen Esel, wie man spricht.
Der Schah erfuhr's, befahl dem frechen Wicht,
den klugen Esel zum Palast zu reiten.

»Du lehrst ihn sprechen?« – »Ja!« – »Was forderst du
für deine Kunst?« – »Fünf Jahre Zeit und Lohn.« –
»Gewährt. Doch spricht das Tier dann nicht, mein Sohn,
gibt's hundert Peitschen für das Jahr dazu!«

Der Schelm, der Esel bleiben in der Pracht.
Ein Freund besucht die beiden im Palast
und fragt besorgt: »Was du versprochen hast –
begreifst du, was es heißt?« – Der andere lacht:

»Der Schah – der Esel – ich, was ist dabei?
Wir können täglich sterben – alle drei!«

Thema mit Variationen

Kommt ein Vogel geflogen
(nach Friedrich Schiller)

Durch des Weltalls Riesenatmosphäre,
Nach dem Urgesetz der Schwere,
Schwirrt, auf Zephirzwillingsflügeln,
Zu des Diesseits goldbesonnten Hügeln
Übers schaumgekrönte Donnermeer
Ein ambrosisch Vöglein her.

Und wie Zeus, wenn er zum Göttermahle
Heiß umströmt vom ew'gen Liebesstrahle
Wollustatmend auf die Polster sinkt,
Also läßt mit hehrem Glanzgefieder
Sich der Flattrer mir zu Füßen nieder,
Wo der heitre Schemel winkt.

Gleich dem Hippogryph der Fabel
Trägt's geheime Zauberschrift im Schnabel,
Die's mir zitternd übergibt.
Ha! was seh ich! Bei der Schaumgebornen!
Ha! von Laura, meiner Gotterkornen,
Ein poetisch Manuskript.

Unbekannter Verfasser, um 1894

Jean de La Fontaine

Saure Trauben I

Ein Fuchs, der aus Gascogne war oder Normandie,
Halbtot vor Hunger schon, sah hoch einst am Spalier
Weintrauben, reif erschienen die
Mit ihrer braunen Bäckchen Zier.
O, wie nach diesem Schmaus der Fuchs Verlangen trug!
Doch da er sie nicht konnt erreichen,
Sprach er: »Sie sind zu grün, für Buben gut genug.«
War's besser nicht als klagend weichen?

Albrecht von Haller

Saure Trauben II

Ein Fuchs, der auf die Beute ging,
Traf einen Weinstock an, der, voll von falben Trauben,
Um einen hohen Ulmbaum hing,
Sie schienen gut genug, die Kunst war abzuklauben.
Er schlich sich hin und her, den Zugang auszuspähn;
Umsonst, es war zu hoch, kein Sprung war abzusehn.
Der Schalk dacht in sich selbst: ich muß mich nicht beschämen,
Er sprach, und macht dabei ein hämisches Gesicht,
Was soll ich mir viel Mühe nehmen,
Sie sind ja saur und taugen nicht.

So gehts der Wissenschaft, Verachtung geht für Müh,
Wer sie nicht hat, der tadelt sie.

James Krüss

Saure Trauben III

Ein Fuchs aus Frankreich (oder auch von hier),
Der schrecklich hungrig war, sah große Mengen
Der schönsten Trauben oben im Spalier
Des Weinstocks rot und glänzend hängen.
Er hätte gern davon genascht. Allein,
Sie hingen viel zu hoch für Mund und Magen.
Drum sagte er: »Sie werden sauer sein!«
Ist das nicht klüger, als sich zu beklagen?

Benno Burkhardt

Saure Trauben IV

Ein Fuchs, der lange rumgelungert,
Gescheucht von Autos, Förstern, Hunden,
hat endlich – völlig ausgehungert –
ein Büschel reifer Trauben noch gefunden.
Das stand Spalier an einer Wand und prangte
So rot und prall und paradiesisch.
Dass es ihn wild danach verlangte:
Die Gier, die quälte ihn fast physisch.
Er sprang und fiel, und sprang, jedoch,
Die Trauben hingen viel zu hoch.

Ein letzter Sturz. Erbittert spricht er:
O, die verdammten Fabeldichter!

Wenn ich ein Vöglein wär'

Wenn ich ein Vöglein wär'
und auch zwei Flügel hätt',
Flög ich zu dir.
Weils aber nicht kann sein,
Weils aber nicht kann sein,
bleib ich allhier.

Joachim Ringelnatz

Wenn ich zwei Vöglein wär,
Und auch vier Flügel hätt,
Flög die eine Hälfte zu dir.
Und die andere, die ging auch zu Bett,
Aber hier zu Haus bei mir.

Wenn ich einen Flügel hätt
Und gar kein Vöglein wär,
Verkaufte ich ihn dir
Und kaufte mir dafür
ein Klavier.

Wenn ich kein Flügel wär
(Linker Flügel beim Militär)
Und auch keinen Vogel hätt,
Flög ich zu dir.
Da's aber nicht kann sein,
Bleib ich im eignen Bett
Allein zu zwein.

Kurt Bartsch

(Nach Uli Becker)
Wenn ich ein Vöglein wär
und auch zwei Flügel hätt
ich säße womöglich
in einem Vogelkäfig –
No future, komplett!

(Nach Ulla Hahn)
Wenn ich schon flügge wär
und einen Vogel hätt
ich bräche Zeile um Zeile
über das Knie
vierzehn sind ein Sonett

(Nach Peter-Paul Zahl)
wenn ich ein flieger wär
und auch ein flugzeug hätt
ich würde mich gar nicht wundern
wenn plötzlich bakunin hinter mir stünde
lachend *ich übernehme den jet*

Benno Burkhardt

Wer mir den Vogel zeigt
wütend im Stadtverkehr,
dem sag ich's fein.
Weil mich sein (Kot)flügel lockt
und mir der Atem stockt
fahr ich ihm rein.

Ernst Meister

Pedantisch

Wenn ich ein Vöglein wär'
und auch zwei Flügel hätt',
flög' ich zu dir.
Weil's aber dreie sind
oder auch viere sind ...
wart' mal, ich zähl'.

Groß und klein

Heinz Erhardt

Der verstimmte Elefant

Jede Mücke hat den kleinen
Rüssel, der so oft und gerne sticht,
auch der Elefant hat einen,
aber stechen kann er damit nicht.
Deshalb ist wohl unser Riese
leider immer irgendwie verstimmt,
grade so, als ob er diese
Schwäche seinem Schöpfer übelnimmt.

Iwan Dmitriew

Die Fliege

Ein Ochse, Furch' um Furche ziehend mit dem Pflug,
Auf einem seiner Hörner eine Fliege trug.
Die, eh sie sich versah, ein Fliegenschwarm umsummte:
»Was treibst du, Schwester? Sitzen, kann dir das genügen?«
Da sprach die Fliege, ehe sie verstummte,
Von oben her: »Das seht ihr doch – wir pflügen.«

Jan Kaiser

Größe

Die Kellerassel ist ein kleines Tier,
doch ein nicht minder feines
als der Specht, der Mops, der Aal
oder auch der Bartenwal.

Letzt'rer ist hinwiederum
ein großes Individuum.
Doch gleichwohl groß, taugt er nicht mehr,
als, sagen wir, der Kragenbär.

Gleiches gilt, nur umgekehrt,
für Mehlgewürm und Zottelpferd,
Qualle, Nashorn, Nerz und Schwein ...
... doch lassen wir die Namen sein!

Was ich sagen will und kann:
Es kommt nicht auf die Größe an!

Christian Fürchtegott Gellert

Das Heupferd oder der Grashüpfer

Ein Wagen Heu, den Veltens Hand
Zu hoch gebäumt und schlecht bespannt,
Konnt endlich von den matten Pferden
Nicht weiter fortgezogen werden.

Des Fuhrmanns Macht- und Sittenspruch,
Ein zehnmal wiederholter Fluch
War eben, wie der Peitsche Schlagen,
Zu schwach bei diesem schweren Wagen.

Ein Heupferd, das bei der Gefahr
Zuoberst auf dem Wiesbaum war,
Sprang drauf herab und sprach mit Lachen:
»Ich wills dem Viehe leichter machen.«

Drauf ward der Wagen fortgerückt.
»Ei«, rief das Heupferd ganz entzückt,
»Du, Fuhrmann, wirst an mich gedenken;
Fahr fort; den Dank will ich dir schenken.«

Christian Morgenstern

Der Sperling und das Känguruh

In seinem Zaun das Känguruh
Es hockt und guckt dem Sperling zu.

Der Sperling sitzt auf dem Gebäude –
doch ohne sonderliche Freude.

Vielmehr, er fühlt, den Kopf geduckt,
wie ihn das Känguruh beguckt.

Der Sperling sträubt den Federflaus –
die Sache ist auch gar zu kraus.

Ihm ist, als ob er kaum noch säße ...
Wenn nun das Känguruh ihn fräße?!

Doch dieses dreht, nach einer Stunde
den Kopf, aus irgendeinem Grunde,

vielleicht auch ohne tiefern Sinn
nach einer andern Richtung hin.

Benno Burkhardt

Zwei Freunde I

Das Mäuslein und der Elefant,
die waren unzertrennlich.
Manch Abenteuer sie verband:
Er sanft, das Mäuslein männlich.

Einst schafften sie mit einer Axt
in einem Eichenwalde.
»Du schlägst, wenn du es lieber magst,
und ich, die Maus, ich halte

den Baum so lange, daß er kippt
exakt auf diese Lichtung.
Mein extrastarker Arm, der gibt
ihm die genaue Richtung.«

Der Elefant haut kräftig zu.
Ihm ist nicht wohl zumute.
»Ich stütz den Stamm in aller Ruh«,
verspricht die Maus, die gute.

Die Eiche splittert, zittert, kracht.
Der Elefant stürzt mit.
Und schimpft: »Du hast doch schlappgemacht!«
Das Mäuslein: »Sei nicht bös, ich glitt!«

Benno Burkhardt

Zwei Freunde II

Das Mäuslein und der Elefant,
die sind uns schon geläufig.
Erlebten beide allerhand
und trafen sich recht häufig.

Nur einmal auf dem Fußballplatz –
sie übten gerade Doppelpaß –
da macht der Dicke einen Satz
und trat die Maus ins Gras.

Trat sie noch tiefer in den Lehm,
trat sie ins Erdreich gar.
Daß nicht mal für den alten Brehm
die Maus erkennbar war.

Der Dicke wühlt sie wieder aus
mit seinem großen Rüssel.
Die Tränen um die kleine Maus,
die füllten eine Schüssel.

Das Mäuslein ist ganz obenauf:
»Ach, laß das Lamentieren.
So 'n Tritt auf einen andern drauf
könnt' mir doch auch passieren.«

Joachim Ringelnatz

Museumsschweigen

Wie's Gedanken gibt,
Die durch Stein und Welten gehn,
Kann's geschehn,
Daß die Fliege den Ichthyosaurus liebt.

Still ist's im Museumssaal.

»Lieber Freund, ich liege
Fest in Bernstein«, sagt die Fliege,
»Bernstein ist ein Mineral.
Und ich liebe dich, du Riesenexemplar,
Und ich möchte deinetwegen
Nur noch einmal Eier legen.«

»Bernstein?
Kann gern sein«,
Sagt das Ichthyosau,
»Aber ich bin auch eine Frau,
Eine sehr entschlossene sogar
Weil ich doch in dem Momente,
Als gewisse Elemente
Mich erstickten, noch ein Kind halb gebar.«

»Eier oder lebendig – –«,
Sagt die Fliege, »wir wohnen
Beide auf der Welt seit Millionen
Jahren. – Wissen Sie die Zahl noch auswendig?«

»Nicht so ganz genau«,
Sagt Frau Ichthyosau,
»Aber wollen wir doch nicht sentimental
Flöten oder winseln.«

Die Klone der Poeten

Christian Morgenstern

Neue Bildungen, der Natur vorgeschlagen

Der Ochsenspatz
Die Kamelente
Der Regenlöwe
Die Turtelunke
Die Schoßeule
Der Walfischvogel
Die Quallenwanze
Der Gürtelstier
Der Pfauenochs
Der Werfuchs
Die Tagtigall
Der Sägeschwan
Der Süßwassermops
Der Weinpintscher
Das Sturmspiel
Der Eulenwurm
Der Giraffenigel
Das Rhinozepony
Die Gänseschmalzblume
Der Menschenbrotbaum

Wilhelm Busch

Gemartert

Ein gutes Tier
Ist das Klavier,
Still, friedlich und bescheiden,
Und muß dabei
Doch vielerlei
Erdulden und erleiden.

Der Virtuos
Stürzt darauf los
Mit hochgesträubter Mähne.
Er öffnet ihm
Voll Ungestüm
Den Leib, gleich der Hyäne.

Und rasend wild,
Das Herz erfüllt
Von mörderlicher Freude,
Durchwühlt er dann,
Soweit er kann,
Des Opfers Eingeweide.

Wie es da schrie,
Das arme Vieh,
Und unter Angstgewimmer
Bald hoch, bald tief
Um Hilfe rief,
Vergess' ich nie und nimmer.

Lewis Carroll

Der Zipferlake

Verdaustig wars, und glasse Wieben
Rotterten gorkicht im Gemank;
Gar elump war der Pluckerwank,
Und die gabben Schweisel frieben.

»Hab acht vorm Zipferlak, mein Kind!
Sein Maul ist beiß, sein Griff ist bohr!
Vorm Fliegelflagel sieh dich vor,
Dem mampfen Schnatterrind!«

Er zückt' sein scharfgebifftes Schwert,
Den Feind zu futzen ohne Saum,
Und lehnt' sich an den Dudelbaum
Und stand da lang in sich gekehrt,

In sich gekeimt, so stand er hier,
Da kam verschnoff der Zipferlak
Mit Flammenlefze angewackt
Und gurgt' in seiner Gier.

Mit eins! und zwei! und bis aufs Bein!
Die biffe Klinge ritscheropf!
Trennt er vom Hals den toten Kopf,
Und wichernd sprengt er heim.

»Vom Zipferlak hast uns befreit?
Komm an mein Herz, aromer Sohn!
O blumer Tag! O schlusse Fron!«
So kröpfte er vor Freud.

Verdaustig wars, und glasse Wieben
rotterten gorkicht im Gemank;
Gar elump war der Pluckerwank,
Und die gabben Schweisel frieben.

Marie von Ebner-Eschenbach

Zirlipinzigen,
Die kleinwinzigen
Zitteraalig netten,
Wenn wir sie nur hätten!
Mit den Vögeln fliegen sie,
Auf den Wolken liegen sie,
Schwimmen mit den Fischen;
Wer wird sie erwischen?

Michael Ende

Schnurpsenzoologie

Im Urwald, Forschern unbekannt,
lebt fröhlich der KAMELEFANT.

Durch Wüstensand trabt mit Gewackel
ein seltnes Tier, der DROMEDACKEL.

Im bunten Federkleid ganz leis
meckert im Stall die PAPAGEIS.

Mit viel Gequiek und viel Gewerkel
fliegt auf den Baum das MAIKÄFERKEL.

Es piekt im Bett mal dort, mal da
gestreift und platt das WANZEBRA.

Im Vogelkäfig riesengroß
singt das KANARHINOZEROS.

Man zählt erstaunt der Beine sechse
(trotz Schwanz!) bei jeder AMEIDECHSE.

Durchs Wasser schwimmt mit buntem Fittich
laut zwitschernd der FORELLENSITTICH.

Besonders schmerzenreiche Bisse
verursacht uns die NASHORNISSE.

Wohl weil er nackt ist, braucht er solch
ein Flügelpaar, der FLEDERMOLCH.

Ein Tier mit Haus, das kriecht, nennst du
wenn's plötzlich hüpft: SCHNECKÄNGURUH.

Es wiehert süß mit offenem Maul
bei Mondenschein der NACHTIGAUL.

Mit Hörnern krabbeln durch die Tropen
die FEUERSALAMANTILOPEN.

Zum Kämmen brauchst du einen Striegel
und Heldenmut beim KROKODIGEL.

Sehr scheu, und ganz und gar kein Krieger
lebt im Gebirg' der MURMELTIGER.

Durchs Fenster, ohne aufzustehn,
kann der GIRAFFENPINSCHER sehn.

Es schlängelt sich, im Maul ein Körnchen,
den Baum hinauf das
BLINDSCHLEICHHÖRNCHEN.

Du meinst, es gibt kein einz'ges Tier
von allen, die ich nannte hier?
Sei doch so gut und mal sie mir,
dann gibt es sie – auf dem Papier.

Joachim Ringelnatz

Aus der Vogelkunde

Ich spreche von Flugmaschinen.
Sie summen lauter als Bienen
Und sind eine Kreuzung von Taube,
Ente, Maikäfer und Schiffsschraube.

Sie nisten einzeln, paar- und gruppen-
Weise in Hallen und Schuppen.

Ich habe persönlich festgestellt:
Sie bringen lebendige Junge zur Welt,
Die wie Menschen aussehen;
Wenn sie aus ihnen herausgehn.

Auch legen sie Eier und brüten
Im Krieg. Zeus möge das künftig verhüten.

Ihre Nahrung sind Menschen, Koffer, Benzin
Und Zeitungen aus Berlin.

Sie sind über die ganze Welt
Verbreitet und sehr zahm auch in Freiheit.
Außerdem sind sie der Polizeiheit
Und der Zollbehördlichkeit unterstellt.
Volkstümlich nennt man sie schlechthin Maschinen.

Ich könnte Ihnen mit Näherem dienen,
Aber ich verlange dafür
Eine Flugzeugengebühr.

Jetzt glitscht es
(von Fischen, Fröschen, Kröten)

Christian Morgenstern

Fisches Nachtgesang

—
◡ ◡
— — —
◡ ◡ ◡ ◡
— — —
◡ ◡ ◡ ◡
— — —
◡ ◡ ◡ ◡
— — —
◡ ◡ ◡ ◡
— — —
◡ ◡
—

Christian Fr. Daniel Schubart

Die Forelle

In einem Bächlein helle,
   Da schoß in froher Eil
Die launische Forelle
   Vorüber wie ein Pfeil.
Ich stand an dem Gestade,
   Und sah' in süßer Ruh
Des muntern Fisches Bade
   Im klaren Bächlein zu.

Ein Fischer mit der Rute
   Wohl an dem Ufer stand,
Und sah's mit kaltem Blute
   Wie sich das Fischlein wand.
So lang dem Wasser Helle,
   So dacht' ich, nicht gebricht,
So fängt er die Forelle
   Mit seiner Angel nicht.
Doch plötzlich ward dem Diebe
   Die Zeit zu lang. Er macht
Das Bächlein tückisch trübe,
   Und eh' ich es gedacht; –
So zuckte seine Rute,
   Das Fischlein zappelt dran,
Und ich mit regem Blute
   Sah' die Betrogne an.

Paul Wühr

Jetzt weiß ich nicht mehr
hat sie mir Fisch geschrieben
oder einen Brief in dem
er schwamm oder habe ich
das Wasser im Kuvert geschaukelt
oder sprang er selber heraus

Kurt Schwitters

Kleines Gedicht für große Stotterer

Ein Fischge, Fisch, ein Fefefefefischgerippe
Lag auf der auf, lag auf der auf der Klippe.
Wie kam es, kam, wie kam, wie kam es
Dahin, dahin, dahin?

Das Meer hat Meer, das Meer, das hat es
Dahin, dahin, dahingespület.
Da lllllliegt es, liegt, da lllllliegt, llliegt es
Sehr gut, sogar sehr gut!

Da kam ein Fisch, ein Fefefefefisch, ein Fefefefefefe-fefefefefefe-
(schriller Pfiff) feFe feFe feFe feFefischer,
Der frischte, fischte frische Fische.
Der nahm es, nahm, der nahm, der nahm es
Hinweg, der nahm es weg.

Nun lllllliegt die, liegt, nun lllllliegt die Klippe
Ganz o o o ohne Fischge Fischgerippe
Im weiten, weit, im We Weltenmeere,
So nackt, so fufu furchtbar nackt.

Jan Kaiser

Traurig in Aurich

Eine Qualle, arm und klein,
trieb einst betrübt durchs Meer
Sie wünschte sich ein Dorsch zu sein,
das Herz ward ihr so schwer.

So schwamm sie trauernd
Jahr für Jahr
bis in die Bucht bei Aurich.
Dort wurd sie eines Dorschs gewahr,
der schien nicht minder traurig.

Vor Freude tat der kleine Wicht
sich kugelrund aufbauschen.
Und sprach zum Dorsch:
»He, willst Du nicht
mit mir die Rolle tauschen?«

Ein Lächeln striff das Dorschgesicht
»Jawohl!« so grunzte er.
»Ein Fisch zu sein, das will ich nicht,
doch Qualle sein, das sehr.«

Von nun an also fühlte sich
als Dorsch das Quallentier.
Und der Dorsch schwamm künftiglich
als Qualle durchs Revier.

Beide waren fortan froh
und blieben's bis zur Bahre.

(Doch weder klingt die Fabel so,
noch ist sie eine wahre.)

Benno Burkhardt

Regenwurms Ärgernis

Den Regenwurm es sehr verdrießt,
daß ihn ein anderer nicht grüßt.
Kein »Hallo!« und kein »Guten Tag!«
und was man sonst gern hören mag.

Das Gegenüber starrt nur stumm.
Dem Regenwurm ist das zu dumm.
»Das ist doch kein Benehmen!
Sie sollten sich was schämen.«

Jedoch derweil er sich entwindet,
sogleich der Stiesel auch verschwindet.
Bis unser Regenwurm erkennt:
Der andre ist –: sein eignes End.

Und die Moral? Geduld, Geduld.
Am Ärger bist du selbst meist schuld.

Johann Wolfgang Goethe

Die Frösche

Ein großer Teich war zugefroren;
Die Fröschlein, in der Tiefe verloren,
Durften nicht ferner quaken noch springen,
Versprachen sich aber, im halben Traum:
Fänden sie nur da oben Raum,
Wie Nachtigallen wollten sie singen.
Der Tauwind kam, das Eis zerschmolz,
Nun ruderten sie und landeten stolz
Und saßen am Ufer weit und breit
Und quakten wie vor alter Zeit.

Andacht

Eine Wassermaus und eine Kröte
stiegen eines Abends spöte
einen steilen Berg hinan.
Sprach die Wassermaus zur Kröte:
»Warum gehst du abends spöte
diesen steilen Berg hinan?«
Sprach zur Wassermaus die Kröte:
»Zum Genuss der Abendröte
geh' ich diesen Abend spöte
diesen steilen Berg hinan.«

Dies ist ein Gedicht von Goethe,
das er eines Abends spöte
auf dem Sofa noch ersann.

Unbekannter Verfasser

Heinrich Seidel

Das Huhn und der Karpfen

Auf einer Meierei,
Da war einmal ein braves Huhn,
Das legte, wie die Hühner tun,
An jedem Tag ein Ei
Und kakelte,
Mirakelte, spektakelte,
Als obs ein Wunder sei!
Es war ein Teich dabei,
Darin ein braver Karpfen saß
Und stillvergnügt sein Futter fraß,
Der hörte das Geschrei:
Wies kakelte,
Mirakelte, spektakelte,
Als obs ein Wunder sei!
Da sprach der Karpfen: Ei!
Alljährlich leg ich 'ne Million
Und rühm mich des mit keinem Ton:
Wenn ich um jedes Ei
So kakelte,
Mirakelte, spektakelte –
Was gäbs für ein Geschrei!

Tiere auf Abwegen

Josef Guggenmos

Die Giraffe mit ihren Beinen

Mit ihren Beinen,
den langen,
kam eine Giraffe
nach Wien gegangen.
Dort hat sie sich,
weil es ihr so gefällt,
auf die Straße gestellt
und beguckt
von hoch oben die Welt.

Hinter ihr
entsteht ein Gedränge.
Da hupen Autos in Menge –
die haben es schwer:
Gleich einem gelbkarierten Berge
sperrt die Giraffe
den ganzen Verkehr!

Doch aus Gefälligkeit
macht sie die Beine breit.
Jetzt können die Autos,
die blechernen Zwerge,
in langen Scharen
unter ihr durch
wie durch einen Tunnel fahren.

Vorbei ist aller Verdruß.
Sogar der Schutzmann
muß sie loben.
Und zu allem Überfluß
kriegt sie noch
auf ihre Nase
hoch droben
von der kleinen Rita Glock
einen Kuß
aus dem zweiten Stock.

Friedrich Hoffmann

Verkehr

Ein Pferd fuhr auf der Straßenbahn,
die Leute sahn es alle an,
als ob das komisch wär.
Das Pferd zog seine Nase kraus:
»Wer hält's denn auf der Straße aus
bei dem Verkehr?
Guckt doch mal raus!«
Da sagen sie nichts mehr.

Joachim Ringelnatz

Die Ameisen

In Hamburg lebten zwei Ameisen,
Die wollten nach Australien reisen.
Bei Altona auf der Chaussee
Da taten ihnen die Beine weh,
Und da verzichteten sie weise
Dann auf den letzten Teil der Reise.

Christian Morgenstern

Der Großstadtbahnhoftauber

(Eine Zivilisationsballade)

Der Großstadtbahnhoftauber pickt,
was Gott sein Herr ihm fernher schickt.

Aus Salzburg einen Zehntel Kipfel,
aus Frankfurt einen Würstchen-Zipfel.

Aus Bozen einen Apfelbutzen
und ein Stück Käs aus den Abruzzen.

So nimmt er teil, so steht er gleich
wer immer wem im Deutschen Reich

und außerhalb und überhaupt,
so weit man an dergleichen glaubt.

Benno Burkhardt

Der Käfer in Wolfsburg

Es war vor vielen Jahren
Ein Käfer dick vom Mist,
Der wollt gern Autofahren.
(Man weiß ja, wie das ist.)

Er sah die vielen Käfer
auf Straßen, glatt und breit,
und dacht, in Wolfsburg träf er
auf die Gelegenheit,

sich auch mal zu verwandeln
in ein Automobil.
Er suchte zu verhandeln,
doch nützte es nicht viel.

Er sagt: »Ich möchte sausen!«
Sie reklamierten: »Shut up!
Was sind denn das für Flausen!
Bei dir ist wohl ein Rad ab?«

Sie scheuchten ihn vom Fließband
und jagten ihn hinaus.
Fragt mich nicht, wie er dies fand.
Er krabbelte nach Haus.

Inzwischen sind die Wagen,
die Käfer einst benannt,
in global players Tagen
vom Weltmarkt fast verbannt.

Was lebt ist unser treuer,
der Käfer von dem Mist.
Erzählt vom Abenteuer
und von dem Ungeheuer,
das Wolfsburg für ihn ist.

Christian Morgenstern

Gruselett

Der Flügelflagel gaustert
durchs Wiruwaruwolz,
die rote Fingur plaustert
und grausig gutzt der Golz.

Joachim Ringelnatz

Am Sachsenplatz: Die Nachtigall

Es sang eine Nacht ...
Eine Nachti ...
Ja Nachtigall am Sachsenplatz
Heute morgen. – Hast du in Berlin
Das je gehört? – Sie sang, so schien
Es mir, für mich, für Ringelnatz.

Und gab mir doch Verlegenheit,
Weil sie dasselbe Jauchzen sang,
Das allen Dichtern früherer Zeit
Durchs Herz in ihre Verse klang
In schöne Verse!

Nachtigall,
Besuche bitte ab und zu
Den Sachsenplatz;
Dort wohne ich. – Ich weiß, daß du
Nicht Verse suchst von Ringelnatz.
Und hatten doch die Schwärmer recht,
Die dich besangen gut und schlecht.

Christian Morgenstern

Das Huhn

In der Bahnhofshalle, nicht für es gebaut,
geht ein Huhn
hin und her ...
Wo, wo ist der Herr Stationsvorsteh'r?
Wird dem Huhn
man nichts tun?
Hoffen wir es! Sagen wir es laut:
daß ihm unsre Sympathie gehört,
selbst an dieser Stätte, wo es – »stört«!

Abraham Emanuel Fröhlich

Stadtleben

»Lerche, komm in unsre Gassen!«
Sagt das Spätzchen; »vor den Toren
Geht ja dein Gesang verloren.
Hier in den belebten Straßen
Hören dich die feinsten Ohren.«

»Kritteln mich die schärfsten Zungen«,
Hat die Lerch ihm zugesungen.
»Und ich fänd im Stadtgewimmel
Keine Saaten, keinen Himmel.«

Kinderzoo

Hans Georg Lenzen

Tiger-Jagd

Wer Lust hat, kann an Regentagen
auch hierzulande Tiger jagen.

Es lohnt zum Beispiel der Versuch
der Tigerjagd im Wörterbuch.

Dort spielt der Tiger mit den Jungen
im Quellgebiet der Steigerungen:

Ein Lus-Tiger, ein Präch-Tiger,
ein Läs-Tiger, ein Mäch-Tiger,

Ein Hef-Tiger, Ein Gran-Tiger.
Ein Bors-Tiger, ein Kan-Tiger,

Ein Kräf-Tiger, ein Saf-Tiger,
ein ganz und gar Wahrhaf-Tiger,

Ein Ar-Tiger, ein Bär-Tiger,
und manchmal ein Verfer-Tiger

von Bildern und Geschichten,
der so ein Spiel erfinden kann,
von dem wir hier berichten.

Man braucht zu dieser Tigerjagd
kein Netz und kein Gewehr,

und wer ein bisschen überlegt,
der findet noch viel mehr.

James Krüss

Ameisenkinder

Wer hat Ameisenkinder gesehn?
Können sie nach sechs Tagen schon gehn?
Laufen die Ameisenbabies geschwinder
Als zum Beispiel die Mistkäfer-Kinder?
Kriegen sie schon einen Klaps auf den Po?
Ach, meine Lieben, die Sache ist so:
Wer Ameisenkinder sah, ganz kleine,
Der lügt,
Der betrügt!
Es gibt nämlich keine!

Peter Hacks

Frau Tausendfuß hat Wäsche

Frau Tausendfuß heut Wäsche hat,
das sind grad tausend Socken.
Auf einem Ebereschenblatt
bläst sie ein Windchen trocken.

Tausend Socken sind recht viel.
Tausend Socken sind kein Spiel.
Alle sagen: Tausend Gruß,
so fleißig heut, Frau Tausendfuß?

Ein Spinnenweb als Wäschelein,
Kiefernadeln als Klammern,
als Sack ein Hirtentäschelein,
zwei hohle Nüß als Kammern.

Tausend Socken, ei der Daus.
Tausend Socken, das reicht aus.
Alle sagen: Tausend Gruß,
so fleißig heut, Frau Tausenfluß!

Gustav Falke

Zwiegespräch

Guten Morgen, Fräulein Huhn!
Guten Morgen, Herr Hahn!
Was gedenken Sie zu tun?
Das geht Sie nichts an.
Wollen wir nicht etwas promenieren?
Danke, ich kann allein spazieren.
Sie haben wohl heute nicht gut geruht?
Oder macht's Ihnen böses Blut,
Daß Sie noch keinen Regenwurm fanden?
Offen gestanden,
Ich finde, Sie sind sehr aufdringlich, Sie!
Dumme Gans! Kikeriki.

Der Ball der Tiere

Mich dünkt, wir geben einen Ball!
Sprach die Nachtigall.
So? sprach der Floh.
Was werden wir essen? sprachen die Wespen.
Nudeln! sprachen die Pudeln.
Was werden wir trinken? sprachen die Finken.
Bier! sprach der Stier.
Nein, Wein! sprach das Schwein.
Wo werden wir denn tanzen? sprachen die Wanzen.
Im Haus! – sprach die Maus.

Unbekannter Verfasser

Johannes Trojan

Das eigensinnige Schwein

Das Schwein, das Schwein, das steckt so recht
Voll Trotz und Eigensinn.
Wohin mans gerne haben möcht,
Da wills durchaus nicht hin.
Drum, soll es vorwärts, zieht man fein
Am Schwänzlein es zurück;
Und daß ein Schwänzlein ist am Schwein,
Das ist ein wahres Glück!

Es lebte einst in Indien
ein alter Kakadu.
Der machte beinah immerfort
das eine Auge zu.
Und wenn ihm was zuleide war –
was macht der Kakadu?
Er macht das eine Auge auf
und macht das andre zu.
Er war ein guter Philosoph,
der alte Kakadu.
Denn wer zufrieden leben will,
drückt stets ein Auge zu.

Unbekannter Verfasser

James Krüss

Wenn die Möpse Schnäpse trinken

Wenn die
Möpse
Schnäpse
trinken,
wenn vorm
Spiegel
Igel
stehn,
wenn vor
Föhren
Bären
winken,
wenn die
Ochsen
boxen
gehn,
wenn im
Schlafe
Schafe
blöken,
wenn im
Tal
ein Wal
erscheint,
wenn in
Wecken
Schnecken
stecken,
wenn die
Meise
leise
weint,
wenn Giraffen
Affen
fangen,
wenn ein
Mäuslein
Läuslein
wiegt,
wenn an
Stangen
Schlangen
hangen,
wenn der
Biber
Fieber
kriegt,
dann
entsteht zwar
ein Gedicht,
aber
sinnvoll
ist es
nicht!

Günter Strohbach

Verschieden, aber zufrieden

Der Leopard hat Flecken,
Der Papagei ist dreist,
Das Nashorn, das hat Zecken,
Das Nilpferd, es ist feist.

Der Hai hat scharfe Zähne,
Und Krallen hat der Bär,
Der Elch hat eine Mähne,
Der Wal ist träg und schwer.

Die Gans hat weiße Federn,
Die Ziege einen Bart,
Die Haut vom Pferd ist ledern,
Der Schwanz vom Schwein apart.

Sie alle sind verschieden,
Am Kopf, am Schwanz, am Bauch,
Und doch mit sich zufrieden!
Ich hoff, *du* bist es auch!

Max Kruse

Nimmt Entenfedern ...

Nimm Entenfedern,
Löwenzahn
und einen Löffel
Lebertran.
Sprich Hunke-
munke-mops dabei
und mische
einen dicken Brei.
Schmier dir
die Nasenspitze ein
und stell dich
in den Mondenschein.
Und schwebst du nun
nicht in die Nacht –
dann hast du was
verkehrt gemacht!

James Krüss

Der Uhu und die Unken

Ein u-Gedicht

Sieben dumme Unken munkeln:
Unke punke u ru ru,
In dem Brunnen, in dem dunkeln,
Sitzt ein schwarzer Marabu!

Uhu Schuhu hört sie munkeln,
Unke punke u ru ru,
Und lugt runter in den dunkeln
Brunnen mit den Augen gluh.

Doch nach einer Viertelstunde,
Unke punke u ru ru,
Brummt er: Auf dem Brunnengrunde
Ist kein schwarzer Marabu.

Nur die runden Brunnensteine,
Unke punke u ru ru,
Malen in dem fahlen Scheine
Schatten wie ein Marabu!

Klatsch und Tratsch und Unkenmunkeln,
Unke punke u ru ru,
Wuchern immer nur im Dunkeln.
Besser ist, man hört nicht zu!

Achtung: Action!

Der Spaziergang im Walde

Zwei Löwen gingen einst selband
in einem Wald spazoren,
und haben da vor Wut entbrannt
einander aufgezohren.

Da kamen eines Tags daher
des Wegs zwei Leute edel,
die fanden von dem Kampf nichts mehr
als beider Löwen Wedel.

Daraus geht nun für groß und klein
die weise Lehr hervor:
»Selbst mit dem besten Freunde dein
im Walde nie spazor!«

Unbekannter Verfasser

Friedrich Schiller

Der Handschuh

Vor seinem Löwengarten,
Das Kampfspiel zu erwarten,
Saß König Franz.
Und um ihn die Großen der Krone
Und rings auf hohem Balkone
Die Damen in schönem Kranz.

Und wie er winkt mit dem Finger,
Auf tut sich der weite Zwinger,
Und hinein mit bedächtigem Schritt
Ein Löwe tritt
Und sieht sich stumm
Rings um,
Mit langem Gähnen
Und schüttelt die Mähnen
Und streckt die Glieder
Und legt sich nieder.

Und der König winkt wieder,
Da öffnet sich behend
Ein zweites Tor,
Daraus rennt
Mit wildem Sprunge
Ein Tiger hervor.
Wie der den Löwen erschaut,
Brüllt er laut
Und schlägt mit dem Schweif
Einen furchtbaren Reif
Und recket die Zunge,

Und im Kreise scheu
Umgeht er den Leu,
Grimmig schnurrend;
Drauf streckt er sich murrend
Zur Seite nieder.

Und der König winkt wieder,
Da speit das doppelt geöffnete Haus
Zwei Leoparden auf einmal aus.
Die stürzen mit mutiger Kampfbegier
Auf das Tigertier;
Das packt sie mit seinen grimmigen Tatzen,
Und der Leu mit Gebrüll
Richtet sich auf, da wirds still;
Und herum im Kreis,

Von Mordsucht heiß,
Lagern sich die greulichen Katzen.

Da fällt von des Altanes Rand
Ein Handschuh von schöner Hand
Zwischen den Tiger und den Leun
Mitten hinein.

Und zu Ritter Delorges, spottender Weis,
Wendet sich Fräulein Kunigund:
Herr Ritter, ist eure Lieb so heiß,
Wie ihr mirs schwört zu jeder Stund,
Ei, so hebt mir den Handschuh auf!

Und der Ritter, in schnellem Lauf,
Steigt hinab in den furchtbaren Zwinger
Mit festem Schritte,
Und aus der Ungeheuer Mitte
Nimmt er den Handschuh mit keckem Finger.

Und mit Erstaunen und mit Grauen
Sehens die Ritter und Edelfrauen,
Und gelassen bringt er den Handschuh zurück.
Da schallt ihm sein Lob aus jedem Munde,
Aber mit zärtlichem Liebesblick –
Er verheißt ihm sein nahes Glück –
Empfängt ihn Fräulein Kunigunde.
Und er wirft ihr den Handschuh ins Gesicht:
Den Dank, Dame, begehr ich nicht!
Und verläßt sie zur selben Stunde.

Magnus Gottfried Lichtwer

Die Katzen und der Hausherr

Tier' und Menschen schliefen feste,
selbst der Hausprophete* schwieg,
als ein Schwarm geschwänzter Gäste
von den nächsten Dächern stieg.

In dem Vorsaal eines Reichen
stimmten sie ihr Liedchen an,
so ein Lied, das Stein' erweichen,
Menschen rasend machen kann.

Hinz, der Murners Schwiegervater
schlug den Takt erbärmlich schön,
und zween abgelebte Kater
quälten sich, ihm beizustehn.

Endlich tanzten alle Katzen,
poltern, lärmen, daß es kracht,
zischen, heulen, sprudeln, kratzen,
bis der Herr im Haus erwacht.

Dieser springt mit einem Prügel
in dem finstern Saal herum,
schlägt um sich, zerstößt den Spiegel,
wirft ein Dutzend Schalen um,

stolpert über ein'ge Späne,
stürzt im Fallen auf die Uhr
und zerbricht zwo Reihen Zähne:
Blinder Eifer schadet nur.

* *gemeint ist der Hahn*

Heinz Erhardt

Drei Raupen

Ein Melodrama

Introduzione

Es steht in diesem Buche hier
so manches Gedicht über manch Tier –
nur über *Raupen* gab's noch keins!
Nun, bitte sehr, hier wär so eins!
Doch ist es (weil's, ich will's betonen,
für alle handelnden Personen
ein grauenhaftes Ende nimmt)
für Jugendliche nicht bestimmt!

Thema con variazioni

Drei Raupen schlossen in der Landschaft
von Südtirol ihre Bekanntschaft.
Da wurd die eine bei den Beeten
vom Gärtner hinterrücks zertreten!
Die zweite wurde unterdessen
vom Spatz erspäht und aufgefressen!
Die dritte aber – diese Raupe
verschied zu Hause an der Staupe!

Coda

Wie grausam ist doch die Natur:
sie trachtet nach dem Leben nur!

Joachim Ringelnatz

Bär aus dem Käfig entkommen

Was ist nun jetzt?
Wo sind auf einmal die Stangen,
An denen die wünschende Nase sich wetzt?
Was soll er nun anfangen?

Er schnuppert neugierig und scheu.
Wie ist das alles vor ihm so weit
Und so wunderschön neu!
Aber wie schrecklich die Menschheit schreit!

Und er nähert sich geduckt
Einem fremden Gegenstande. –
Plötzlich wälzt er sich im Sande,
Weil ihn etwas juckt.

Kippt ein Tisch. Genau wie Baum.
Aber eine Peitsche knallt.
Und der Bär flieht seitwärts, macht dann halt.
Und der Raum um ihn ist schlimmer Traum.

Läßt der Bär sich locken. Doch er brüllt.
Läßt sich treiben, läßt sich fangen.
Angsterfüllt und haßerfüllt
Wünscht er sich nach seines Käfigs Stangen.

Christian Morgenstern

Der Hahn

Zu Basel warf einst einen Hahn
der hohe Magistrat ins Loch,
dieweil er eine Tat getan,
die nach des Teufels Küche roch.

Er hatte, wider die Natur,
ein Ei gelegt, – dem Herrn zum Trotz!
Doch nicht genug des Frevels nur, –
er schien auch reulos wie ein Klotz.

So ward er vor Gericht gestellt,
verhört, gefoltert und verdammt,
und Rechtens dann, vor aller Welt,
ein Holzstoß unter ihm entflammt.

Der Hahn schrie kläglich Kikriki,
der Basler Volk sang laut im Kreis.
Doch plötzlich rief wer: »Auf die Knie!
Gottlob! jetzt schrie er – Kyrieleis!«

James Krüss

Die undankbare Flunder

Im Flusse Po schwamm irgendwo
Vergnügt und froh ein Wasserfloh.
Der Floh, er hieß Bambino.
Da kam die Flunder von der See.
Die Flunder hatte Ohrenweh
Und brauchte Medizino.

»Momentchen!« rief der kleine Floh.
»Im Uferschilfe irgendwo
Steckt meine Violino!«
Er zog beim Ufer aus dem Rohr
Die Geige aus Perlmutt hervor
Und strich ein Andantino.

Er spielte für das kranke Ohr
Die allerschönsten Lieder vor
Und Schlager aus dem Kino.

Um vier Uhr in der Morgenstund,
Da war die Flunder kerngesund
Vom Klang der Violino.
Jedoch der Floh lag müd und matt
Auf einem Wasserrosenblatt,
Der arme Floh Bambino.

»O Flunder!« rief der kleine Floh.
»Spiel mir zum Dank ein Tremolo,
Ein kleines Tremolino!«
Da rief die Flunder: »Tut mir leid!
Ich habe leider keine Zeit!«
Dann schwamm sie nach Torino.

Der Floh jedoch, erschöpft und krank,
Trieb auf dem Blatt am Ufer lang
Mit seiner Violino.
Er trieb dahin – ein ganzes Stück –
Und kam dabei zu seinem Glück
Ans Wasserfloh-Kasino.
Ein Sanitätsfloh fand ihn dort
Und pflegte und verband ihn dort
Und stärkte ihn mit Vino.

Drei Tage lag der Floh im Bett.
Die Flunder aber, breit und fett,
Schwamm grinsend durch Torino.

Die Flundern sind so dumm wie breit.
Sie kennen keine Dankbarkeit.
Man sieht's am Fall Bambino.

Fred Endrikat

Die Wühlmaus

Die Wühlmaus nagt von einer Wurzel
das W hinfort, bis an die -urzel.
Sie nagt dann an der hintern Stell
auch von der -urzel noch das l.
Die Wühlmaus nagt und nagt, o weh,
auch von der -urze- noch das e.
Sie nagt die Wurzel klein und kurz,
bis aus der -urze- wird ein -urz--.

Die Wühlmaus ohne Rast und Ruh
nagt von dem -urz-- auch noch das u.
Der Rest ist schwer zu reimen jetzt,
es bleibt zurück nur ein --rz--.
Nun steht dies --rz-- im Wald allein.
Die Wühlmäuse sind so gemein.

Anhang

Tiere sind auch nur Menschen
Eine kleine Nachlese

Komische Tiergedichte? Wer lacht da? Wer lacht da über wen? Sind Tiere denn zum Lachen, gar lachhaft? Haben wir Menschen etwa Veranlassung oder gar das Recht, uns über unsere Artgenossen lustig zu machen? Aber wieso spräche man dann vom tierischen Ernst? Also von der blanken Humorlosigkeit? Wie steht es um unser Verhältnis zum Tier einerseits und zur Komik andererseits? Warum heißt eine Torheit eine Eselei? Warum wird ein träger Typ eine lahme Ente genannt? Die dumme Gans, der blöde Hund, das faule Schwein – es sind ja alles Kränkungen, die weder dem Beschimpften noch dem Schimpfer und schon gar nicht unserm Verhältnis zu den Tieren viel Ehre machen. Mit andern Worten: Es ist gar nicht so leicht, Tiergedichte zu finden, die komisch sind, und noch schwerer, solche aufzuspüren, bei denen man sich selbst nicht reichlich »komisch«, das heißt überheblich und schadenfroh, vorkommt.

Aber eigentlich sind ja alle Tiergedichte Menschengedichte. Nicht nur in dem schlichten Sinne, dass sie seit Jahrtausenden von Menschen stammen, von Lyrikern, Philosophen, Satirikern, Pädagogen und vom berühmten Volksmund. Sondern auch so, dass sie meist irgendwie auch von uns Menschen handeln: Von unserm Verhältnis zur Kreatur; von unserer Liebe und unserm Nutzen, von unserm Staunen oder unserm Schrecken, von unserm Entzücken oder unserm Ärger und nicht zuletzt von unserm Neid: Ist nicht noch jedem Vogelgedicht die Wehmut abzulesen, dass wir es mit der Beschwingtheit der Himmelsstürmer nicht aufnehmen können? Immer laden uns die Tiergedichte ein, uns selbst zu erkennen. Wenn der Bauer (im Gedicht »Die Affen« von Wilhelm Busch) seinem Sohn einen Zoobesuch verspricht und von den Affen erzählt (»und keiner gönnt dem andern was ... und jeder stiehlt als wie ein Rabe«), dann provoziert er eine Grundfrage: »O Vater, sind Affen denn auch Leute?« Ja, Tiere sind auch nur Menschen. Die Fabeldichter haben das schon vor dreitausend Jahren als erste gewusst. Sie zeigten am Beispiel der Tierwelt, wie lächerlich wir selber sind. Wie eitel, dummstolz, raffiniert und eigensüchtig. Wie feige und wetterwendisch. Ohne die Tiere der Fabel, die uns den Spiegel vorhalten, sähen wir Menschen noch weniger menschlich aus.

Am meisten vom Menschen geplagt war der Esel. Nicht nur viele Jahrhunderte lang im täglichen Leben (wie in den südlichen Ländern auch heute noch), sondern auch im Gedicht. Man packte ihm nicht nur Lasten auf, sondern auch Spott, Häme, Hohn. Er hat unter allen Tieren das schlechteste lyrische Image. Gerade deshalb versucht dieses Buch, ihn ein wenig zu feiern. Und in diesem Bemühen steht uns sogar Friedrich der Große bei, der den Esel – in einem Brief an Voltaire – den griechischen Säulen und den Königen gleichstellt, weil sie alle berufen seien, die Lasten dieser Welt zu tragen. Und auch Eugen Roth singt hier ein Loblied auf den Esel. Es konnte so überzeugend wohl nur einem Poeten gelingen, der sich sein Leben lang immer wieder einen Reim auf den Menschen gemacht hat.

Eins ist zu merken: Je fremder das Tier, umso leichter stellt der Witz sich ein. Je exotischer die Erscheinung, umso näherliegend die Belustigung. Der Grusel tendiert zur Karikatur. Der Panzer des Krokodils, die dicke Haut des Nilpferds – sie werden von der Feder der Dichter am leichtesten durchstoßen. Da ist es nicht allzu verwunderlich, dass es schon gut hundert Jahre vor Spielbergs »Jurrassic Park« und der computergestützten Wiedergeburt der Riesenechsen filmreife Saurier-Balladen von Schriftstellern wie Viktor Scheffel und Friedrich Theodor Vischer gab – aber als Grotesken, als reine Comedy, bei der sich zum Beispiel ein Ichtyosaurier in einen Ichtyosüß verwandelt. Harald Schmidt lässt grüßen.

Komik lebt vom Kontrast. Und wir beziehen ja einen Großteil unseres tagtäglichen Kontrastprogramms aus der Tierwelt. Zwei sind wie Hund und Katz. Einer betreibt mit dem andern ein Katz- und Mausspiel. Walt Disney hat aus solcher Rivalität einen Weltkonzern geschaffen. Wir beschränken uns auf ein paar ironische Funken. Und dann gibt es auch noch die wunderbaren Freundschaften: In der Kumpanei zwischen Elefant und Mäuschen wird die biblische Geschichte von David und Goliath endlich befriedet. Abermals: Tiere sind auch nur Menschen, und zwar die besseren.

Christian Morgenstern ist unter den Poeten der große Glücksfall, und er strahlt in diesem Buch besonders hell. Denn er ist es, der das Tier dichterisch von der Leine lässt: Von der Leine der Fabel, von der Fessel der komischen Begebenheit, von der Bindung an die äußere Gestalt. Morgenstern schafft sich seine eigene Tierwelt, seinen Privatzoo, sein verwunschenes Phantasiegehege. Sein Staunen vor dem Tier überträgt er ins Staunen vor der Sprache. Morgensterns Tiere werden liebevoll mit Wortspielen gefüttert. Sein Wiesel auf einem Kiesel inmitten Bachgeriesel ist ein übermütiger Reimjauchzer, mit dem Bächlein gluckst der Leser vor Vergnügen. Aber der Dichter braucht nicht einmal die Sprache, um sich seinen Tieren zu nähern: »Fisches Nachtgesang«, ein Gedicht aus lauter Zeichen, die zu Wellen und Schuppen werden, ist ein Wunder der Kunstnatur. So beredt war Stummheit nie.

Morgensterns Zauber und Wortmagie hat auch die Dichter des 20. Jahrhunderts beeinflusst: Kurt Schwitters wie Ernst Jandl, Joachim Ringelnatz und Heinz Erhardt, Robert Gernhardt wie Paul Wühr und viele andere. Auch die in diesem Band vertretenen Kinderbuchautoren sind alle in Morgensterns traumhafte Sprach- und Sprechschule gegangen.

Wohlgemerkt: Sprechschule. Denn eins bleibt noch nachzutragen: Diese Gedichte wollen nicht nur gelesen, sie wollen auch gesprochen sein. Frei nach Joseph Beuys: Jeder sein eigener Vortragskünstler.

Dieter Hildebrandt

Autoren- und Quellenverzeichnis

Bartsch, Kurt (1937)
Aus: K. B., Die Hölderlinie. Deutschdeutsche Parodien. Berlin: Rotbuch Verlag 1983. Abdruck mit freundlicher Genehmigung des Autors.

Blumauer, Aloysius (1755–1798)
Aus: A. B., Sämtliche Gedichte. München 1827.

Blüthgen, Viktor (1844–1920)
Aus: V. B., Gedichte. Berlin 1901.

Buch Hiob
Aus: Zürcher Bibel, Buch Hiob, Vers 40. Zürich 1931.

Bürger, Gottfried August (1747–1794)
Aus: G. A. B., Gedichte. Wien und Prag: Franz Haas 1811.

Burkhardt, Benno (1932)
Erstveröffentlichungen mit freundlicher Genehmigung des Autors

Busch, Wilhelm (1832–1908)
Aus: W. B., Sämtliche Werke, Bd. II. Was beliebt ist auch erlaubt. Hg.: Rolf Hochhuth. München: Bertelsmann 1982.

Carroll, Lewis (1832–1898)
Aus: L. C., Alice hinter den Spiegeln. Deutsch von Ch. Enzensberger. Frankfurt/M.: Insel Verlag 1974.

Chesterton, Gilbert Keith (1874–1936)
Aus: G. K. C., Kreis der Tiere. Deutsch von Otto F. Babler. Hamburg: Verlag Hauswedell 1946.

Des Knaben Wunderhorn.
Gesammelt von Achim von Arnim und Clemens Brentano. München: Winkler Verlag 1980.

Iwan Dimitriew (1760–1837)
In: Das Buch der Fabeln. Hg.: C. H. Keukens. Leipzig: Insel Verlag 1919.

Dürrson, Werner (1932)
In: Deutsche Unsinnspoesie. Stuttgart: Philipp Reclam jun. 1978. Abdruck mit freundlicher Genehmigung des Autors.

Ebner-Eschenbach, Marie von (1830–1916)
Aus: M. v. E.-E., Sämtliche Werke. Berlin o. J.

Eichendorff, Joseph von (1788–1857)
Aus: J. v. E., Werke. München: Carl Hanser Verlag 1971.

Eliot, T. S. (1888–1965)
Aus: T. S. E., Gesammelte Gedichte. © Suhrkamp Verlag Frankfurt am Main 1988.

Ende, Michael: (1929–1995)
Aus: M. E., Das Schnurpsenbuch. © 1979 by K. Thienemanns Verlag, Stuttgart–Wien.

Endrikat, Fred (1890–1942)
Aus: F. E., Das große Endrikat-Buch. München: Blanvalet 1976.

Erhardt, Heinz (1909–1979)
Aus: H. E., Das große Heinz Erhardt Buch. Oldenburg: Fackelträger Verlag 1970.

Falke, Gustav (1853–1916)
Aus: G. F., Gesammelte Dichtungen. 1912.

Friedrich der Große (1712–1786)
Aus: Voltaire – Friedrich der Große Briefwechsel. Brief vom 8. Januar 1742. Vorgestellt und übersetzt von Hans Pleschinski. Zürich: Haffmans Verlag 1992.

Fröhlich, Abraham Emanuel (1796–1865)
In: Das Fabelbuch. Hg.: H. A. Mertens. Heidelberg: Verlag Kemper 1949.

Geibel, Emanuel (1815–1884)
In: So viele Tage wie das Jahr hat. Gedichte für Kinder und Kenner. Hg.: James Krüss. München: Bertelsmann 1958.

Gellert, Christian Fürchtegott (1715–1769)
In: Das Fabelbuch. A. a. O.

Gernhardt, Robert (1937)
Aus: R. G., Gedichte 1954–1994. Zürich: Haffmans Verlag 1996. © beim Autor.

Goethe, Johann Wolfgang von (1749–1832)
Aus: J. W. v. G., Sämtliche Werke. Zürich: Artemis Verlag 1949.

Guggenmos, Josef (1922)
Aus: J. G., Was denkt die Maus am Donnerstag? Weinheim und Basel: Beltz Verlag. Beltz & Gelberg 1998. Mit freundlicher Genehmigung des Autors.

Hacks, Peter (1928)
Aus: P. H., Der Flohmarkt. Gedichte für Kinder. Berlin: Der Kinderbuchverlag. Abdruck mit freundlicher Genehmigung des Autors.

Haller, Albrecht von (1708–1777)
In: Das Fabelbuch. A. a. O.

Hamm, Peter (1937)
In: P. H. (Hg.), Welches Tier gehört zu Dir? Eine poetische Arche Noah. München: Carl Hanser Verlag 1984.

Haushofer, Albrecht (1903–1945)
Aus: A. H., Moabiter Sonette. Langewiesche-Brandt, Ebenhausen bei München, © 1999.

Heine, Heinrich (1797–1856)
Aus: H. H., Sämtliche Schriften. München: Carl Hanser Verlag 1975.

Hey, Wilhelm (1790–1854)
In: Das Buch der Fabeln. A. a. O.

Hoffmann, Friedrich (1914)
In: Geh und spiel mit dem Riesen. Hg.: Hans-Joachim Gelberg. Weinheim und Basel: Beltz Verlag 1971. Programm Beltz & Gelberg, Weinheim.

Jandl, Ernst (1925–2000)
Aus: E. J., poetische werke. Hg.: Klaus Siblewski, Band 4 (der künstliche baum & flöda und der schwan), S. 60. © 1997 Luchterhand Literaturverlag GmbH, München.

Kaiser, Jan (1976)
In: Süddeutsche Zeitung, Wochenendbeilagen vom 8./9.07. 2000 und 5./6./7.01.2001. Abdruck mit freundlicher Genehmigung des Autors.

Keller, Gottfried (1819–1890)
Aus: G. K., Sämtliche Werke. (3. Aufl.) München: Carl Hanser Verlag 1972.

Kruse, Max (1921)
Aus: M. K., Windkinder. Eningen: Ensslin Verlag 1968.

Krüss, James (1926–1997)
Aus: J. K., James' Tierleben. Vormals München: Annette Betz Verlag 1965, jetzt © Hamburg: Carlsen Verlag, vorr. 2003 (Der Uhu und die Unken)
und aus: Der wohltemperierte Leierkasten. © München: C. Bertelsmann Jugendbuch Verlag 1989. (Die undankbare Flunder, Ameisenkinder, Wenn die Möpse Schnäpse trinken)

La Fontaine, Jean de (1621–1695)
Aus: J. d. L. F., Die Fabeln. Deutsch von Johanna Wege. Stuttgart: Philipp Reclam jun. 1991.
In: Das Fabelbuch. Deutsch von Theodor Etzel. A. a. O.

Langbein, August Friedrich Ernst (1757–1835)
In: Das Fabelbuch. A. a. O.

Lehr, Friedrich von (1709–1744)
In: So viele Tage wie das Jahr hat. Gedichte für Kinder und Kenner. A. a. O.

Lenzen, Hans Georg (1921)
In: Am Montag fängt die Woche an. Hg.: Hans-Joachim Gelberg. Weinheim und Basel: Beltz Verlag 1973. Programm Beltz & Gelberg, Weinheim.

Lessing, Gotthold Ephraim (1729–1781)
Aus: G. E. L., Werke. München: Carl Hanser Verlag 1972.

Lichtwer, Magnus Gottfried (1719–1783)
In: Das Buch der Fabeln. A. a. O. Und: Das Fabelbuch. A. a. O.

Lingg, Herrmann (1820–1905)
Aus: H. L., Gedichte, Stuttgart: Verlag Cotta 1855.

Mackowiak, Klaus (1953)
In: Süddeutsche Zeitung, Wochenendbeilage vom 10./11.2. 2001. Mit freundlicher Genehmigung des Autors.

Meister, Ernst (1911–1979)
Aus: E. M., Ausgewählte Gedichte 1932-1979. Aachen: Rimbaud Verlagsgesellschaft mbH 1979.

Morgenstern, Christian (1871–1914)
Aus: C. M., Gesammelte Werke in einem Band. Hg.: Margareta Morgenstern. München: Piper Verlag 1965.

Mörike, Eduard (1804–1875)
Aus: E. M., Sämtliche Werke. (5. Aufl.) München: Carl Hanser Verlag 1976.

Mozart, Wolfgang Amadeus (1756–1791)
Aus: W. A. M., Briefe und Aufzeichnungen. Gesamtausgabe. Kassel: Bärenreiter 1962.

Muschg, Hanna (1939)
In: H. M., Wie man Berge versetzt. Hg.: Hans-Joachim Gelberg. Weinheim und Basel: Beltz Verlag 1981. Programm Beltz & Gelberg, Weinheim.

Nicolai, Ludwig Heinrich von (1737–1820)
In: So viele Tage wie das Jahr hat. A. a. O. Und: Das Fabelbuch. A. a. O.

Pocci, Franz Graf (1807–1876)
In: So viele Tage wie das Jahr hat. A. a. O.

Reinig, Christa (1926)
Aus: C. R., Sämtliche Gedichte. Düsseldorf: © Verlag Eremiten-Presse 1984.

Ringelnatz, Joachim (1883–1934)
Aus: J. R., Gesamtausgabe in sieben Bänden. © Diogenes Verlag AG, Zürich.

Roth, Eugen (1895–1976)
Aus: E. R., Sämtliche Werke, Bd. 3. München: Carl Hanser Verlag 1977.

Rückert, Friedrich (1788–1866)
Aus: F. R., Gedichte. Hg.: Walter Schmitz. Reclam Universal-Bibliothek 1998.

Scheffel, Joseph Viktor (1826–1886)
In: Deutsche Unsinnspoesie. A. a. O.

Schiller, Friedrich (1759–1805)
Aus: F. S., Werke in 5 Bänden. Köln und Berlin: Kiepenheuer und Witsch 1959.
In: Wer wagt es, Knappersmann oder Ritt? Schillerparodien aus 2 Jahrhunderten. Hg.: Christian Grawe. Stuttgart: Metzler Verlag 1990.

Schubart, Christian Friedrich Daniel (1739–1791)
In: Deutsche Dichtungen im 18. Jahrhundert. Hg.: Adalbert Elschenbroich. München: Carl Hanser Verlag 1968.

Schwitters, Kurt (1887–1948)
Aus: K. S., Das gesamte literarische Werk. Köln: © DuMont Buchverlag 1973.

Seidel, Heinrich (1842–1906)
Aus: H. S., Gesammelte Schriften 1894–1907.

Strohbach, Günter (1931)
In: So viele Tage wie das Jahr hat. A. a. O.

Sturm, Julius (1816–1896)
In: So viele Tage wie das Jahr hat. A. a. O.

Trojan, Johannes (1837–1915)
Aus: J. T., Hundert Kinderlieder. Berlin: Verlag Freund und Jäckel 1899.

Tucholsky, Kurt (1890–1935)
Aus: K. T., Gesammelte Werke. Reinbek: Rowohlt Verlag 1960.

Vischer, Friedrich Theodor (1807–1887)
In: Deutsche Unsinnspoesie. A. a. O.

Williams, William Carlos (1883–1963)
Aus: W. C. W., Die Worte, die Worte. Frankfurt am Main: Suhrkamp Verlag 1962.

Wühr, Paul (1927)
Aus: P. W., Grüß Gott ihr Mütter ihr Väter ihr Töchter ihr Söhne. München: Carl Hanser Verlag 1976.

Trotz gründlicher Recherche konnten in einigen Fällen die Rechteinhaber der abgedruckten Texte nicht ermittelt werden. Etwaige Anspruchsberechtigte mögen sich unter Nachweis des Anspruchs an den Verlag wenden.

Inhalt

Der Spatz in der Hand und andere Vögel

Die kleinen Störenfriede

Wie hell leuchtet der Morgenstern (Christian)!

Gut gepanzert, dickes Fell

Kinderzoo

Achtung: Action!

Anhang

* Titelformulierung vom Herausgeber
** Auszug